Yvonne Wagner

Der Morgenkreis im Herbst

Ideen und Rituale für die Praxis

Materialien für den Kindergarten

Hase und Igel®

Inhalt

Sprache und Kommunikation

Emotionalität

Vorwort

Der Morgenkreis

Das Zusammenkommen im Morgenkreis ist ein Ritual, das den Beginn des gemeinsamen Tages symbolisiert. Oft ist es sogar die einzige Zeit am Tag, an der alle Kinder einer Gruppe zusammen sind, und damit die perfekte Gelegenheit, um Kindern etwas mitzugeben, das alle angeht. Der Morgenkreis bietet den Jungen und Mädchen die Möglichkeit, sich vor der gesamten Gruppe zu äußern. Die Kinder singen, erzählen, spielen und lachen, es finden aber auch besinnliche Momente statt. Im Morgenkreis wird außerdem die Anwesenheit der Kinder überprüft, und er bietet die Gelegenheit, den jeweiligen Tag zu benennen sowie ihn kalendarisch oder jahreszeitlich zuzuordnen.

Morgenkreise finden nicht in jedem Kindergarten statt. Mancherorts gibt es Kinderkonferenzen, bevor die Kinder in ihre Stammgruppen oder in offene Angebote gehen. In vielen Einrichtungen bieten die Erzieherinnen auch einen Stuhlkreis gegen Ende des Vormittags an, bevor die Kinder in den Garten, in den Bewegungsraum oder nach Hause gehen. Doch inhaltlich sind sich diese Angebote für die Großgruppe recht ähnlich. Die Form des Kreises ist dabei kein Muss. Allerdings bietet sich die Kreisform schon allein deshalb an, weil alle Kinder gleichermaßen gesehen und gehört werden können. Da ein Kreis keinen Anfang und kein Ende hat, ermöglicht er es der Gruppe zudem, sich als Einheit zu fühlen.

Ob die Kinder dem Kreis beiwohnen müssen oder ob die Teilnahme freiwillig ist, entscheiden Sie im Team gemeinsam. Als Alternative können Sie beispielsweise währenddessen eine Betreuung in einem anderen Bereich des Kindergartens organisieren. Bedenken Sie jedoch dabei, dass Kinder zwischen drei und sechs Jahren noch nicht fähig sind, die Tragweite ihres Fernbleibens zu überschauen. Die Teilnahme an den einzelnen Kreisaktivitäten muss allerdings jedem Kind freistehen. Es stellt sich also die Frage, wie Sie das gemeinsame Miteinander am Morgen so attraktiv gestalten, dass es zum Vergnügen aller Kinder wird und sich nachhaltig positiv auf die Stimmung der Kinder auswirkt.

Methodische Grundsätze

Anspannung und Entspannung

Die Aktivitäten im Morgenkreis sollten eine gute Mischung aus Anspannung und Entspannung bieten. Lassen Sie die Kinder gleichsam mit Ihnen zu Akteuren werden und stellen Sie das gemeinsame Erleben in den Vordergrund. Wählen Sie zusammen mit den Kindern das Thema des Morgenkreises aus. Schlagen Sie Angebote vor, bei denen die Kinder aktiv beteiligt sind, und solche, bei denen sie zuhören oder zusehen. Wechseln Sie zwischen Bewegungselementen und Sinnesübungen ab. Es ist sinnvoll, den Morgenkreis in einer Art „Temperamentbogen" zu gestalten, das heißt zum Beispiel, ruhig mit der Begrüßung der Kinder und dem Durchzählen zu beginnen und anschließend eine bewegte Aktivität wie ein Kreisspiel oder ein Musikstück anzubieten. Dann gibt es noch eine kurze Gesprächsrunde über die anstehenden Themen und zum Ende ein Abschlussspiel, das mit ruhigem Verlassen des Raums endet. Haben Sie im Anschluss an den Kreis eine bestimmte Aktivität vor, stimmen Sie die Kinder gleich darauf ein.

Wiederholungen

Besonders für jüngere Kinder sind Wiederholungen enorm wichtig. Wenn wir Erwachsene nach zwei- oder dreimaligem Singen eines Liedes allmählich genug davon haben, wollen die Kinder es wesentlich öfter hören. Das Wiederholen hilft ihnen, sich zu orientieren, und gibt ihnen Halt. Kinder empfinden die Routine als Sicherheit, die es ihnen ermöglicht, sich zu entfalten.

Raum für Kreativität

Wie stets im Kindergarten sollten Sie auch im Morgenkreis kreatives Tun herausfordern und den Kindern viel Raum und Zeit für eigene Ideen lassen. Warten Sie ab, ob die Kinder selbst einen Vorschlag haben, und halten Sie sich mit Erklärungen und Vorgaben zurück. Auch im Morgenkreis finden gestalterische Angebote Raum, zumeist als gemeinschaftliche Arbeiten. Legebilder in der Mitte des Kreises, beispielsweise aus Naturmaterialien, bieten die Gelegenheit, alle Kinder zu beteiligen. Die Kinder setzen ein jahreszeitliches Thema gestalterisch um und beschäftigen sich damit nicht nur verbal, sondern mit allen Sinnen.

Bewegung und Spiel

Für einen gelungenen Wechsel zwischen Anspannung und Entspannung ist es besonders wichtig, Bewegung mit ins Spiel zu bringen. Nur wenn Kinder ausreichend Bewegung haben, können sie auch zur Ruhe kommen und sich konzentrieren. Überdies sind vielfältige Körpererlebnisse für die Entwicklung unserer Kinder unerlässlich. Nicht von ungefähr sind deshalb Bewegungsspiele im und um den Kreis bei Kindern sehr beliebt. Flattern wie ein Vogel, stampfen wie ein Elefant, einer macht es vor und die anderen ahmen nach – Kinder bewegen sich am liebsten spielerisch. Tanzen, laufen, krabbeln, verbunden mit einem lustigen Reim oder Lied, regt alle zum Mitmachen an und bringt auch zurückhaltende Kinder in Aktion.

Musik

Musik sorgt nicht nur für Stimmung, sondern auch für Besinnung! Eine Gitarre oder eine Ukulele etwa sind ideale Begleitinstrumente für die Lieder, die im Morgenkreis gesungen werden. Zudem können Sie mit diesen Instrumenten ein großes Spektrum an Klangfarben und Stimmungen vermitteln. Aber auch ohne Begleitinstrument sollten Sie so oft wie möglich gemeinsam singen, rhythmische Übungen anbieten und die Kinder selbst „Musik machen“ lassen. Denn Musizieren macht Freude und entspannt, ermöglicht Selbstwirksamkeitserfahrungen und trägt so dazu bei, dass Kinder selbstsicherer werden.

Fingerspiele, Reime und Geschichten

Die Sprach- und Kommunikationsfähigkeiten der Kinder unterstützen Sie im Morgenkreis mit jeglicher Aktivität. Der Morgenkreis bietet gerade durch die gemeinschaftliche Runde eine Gelegenheit, sich in der Geborgenheit der Gruppe zu artikulieren. Auch schüchterne oder sprachlich schwächere Kinder werden hier ermutigt, zu sprechen und sich einzubringen. Der Morgenkreis soll über Fingerspiele, Reime, Lieder, Geschichten und Gespräche hinaus für alle beteiligten Kinder ein sprachlicher Genuss werden und ihre Sprachfreude sowie das Sprachinteresse wecken. So erweitern sie ihren Wortschatz und variieren ihre Ausdrucksmöglichkeiten.

Inhalte und Themen

Der Morgenkreis ist der ideale Ort, um besondere Ereignisse und Aktuelles zu thematisieren. Die Kinder wissen so, was am Tag auf sie zukommt. Ebenso haben sie selbst die Möglichkeit, Themen anzusprechen, die sie beschäftigen. Durch die starke Präsenz der Medien werden schon unsere Jüngsten unfreiwillig über aktuelle Geschehnisse informiert, die sie noch gar nicht verstehen. Im Morgenkreis bietet sich die Gelegenheit, solche Themen aufzugreifen und damit möglichen Unsicherheiten und daraus resultierenden Ängsten zu begegnen.

Wenn Sie projektorientiert arbeiten, ist der Morgenkreis die Plattform, um mit den Kindern neue Themen aufzuspüren und dem jeweiligen Projekt in seinem Fortgang immer wieder neue Impulse zu geben. Funde und Beobachtungen der Kinder können zum Anlass werden, die Besonderheiten der Jahreszeiten als Schwerpunkt zu nehmen. Vielleicht bringt ein Kind einige Äpfel aus dem eigenen Garten oder bunte Blätter von einem Spaziergang mit in den Kindergarten. Diese geben z. B. den Impuls, den Fund in der Kreismitte auf ein Tuch zu legen und zu betrachten. Daraus entwickelt sich dann ein Gespräch über die jeweilige Jahreszeit und/oder den Ort in der Natur, an dem die Materialien gefunden wurden. Vielleicht haben die Kinder auch die Idee, weitere thematisch passende Naturmaterialien zu ergänzen. Sie steuern ein entsprechendes Fingerspiel oder Lied dazu bei – und schon ist der Morgenkreis ein Ort, an dem die Kinder spezifisches Wissen sammeln und vertiefen können. Sie werden neugierig darauf, noch mehr zu erfahren, und setzen sich im Freispiel oder weiterführenden Aktivitäten damit auseinander.

Über die Wissenserweiterung hinaus, können im Morgenkreis viele Themen wertorientiert bearbeitet werden. Besonders zum Tragen kommen hier soziale Werte wie Gemeinschaftssinn, Hilfsbereitschaft, Rücksichtnahme und der respektvolle Umgang miteinander. Um Kindern solche Werte erfolgreich zu vermitteln, muss sich die Erzieherin über ihre eigenen Wertvorstellungen sowie die des Trägers der Einrichtung im Klaren sein und diese durch das eigene Verhalten vorleben.

Vorwort

Organisatorisches

Einige organisatorische Aspekte erleichtern den Ablauf des Morgenkreises. Der Raum sollte möglichst viel Platz bieten und gut gelüftet sein. Idealerweise befinden sich nur wenige Einrichtungsgegenstände oder Möbel darin, alternativ eignen sich auch eine Turnhalle oder ein Bewegungsraum. Falls die Kinder auf dem Boden sitzen, sollte es einen Teppich, Sitzkissen o. Ä. geben. Alle Materialien, die im Morgenkreis eingesetzt werden, müssen greifbar sein und stehen übersichtlich im Regal, im Schrank oder in einer vorbereiteten „Themenkiste“ bereit. Materialien, die dort dauerhaft ihren Platz finden können, sind z. B.:

- Sammelordner bzw. Kartei mit Liedern, Geschichten und Kreisspielen
- verschiedene Instrumente
- Abspielgerät sowie sortierte Kassetten bzw. CDs
- Tücher und große Stoffe
- Klebeband oder Seile, um Grenzen auf dem Fußboden zu markieren
- Taschenlampen, Teelichter oder Kerzen.

Aufbau des Materials

Der vorliegende Band bietet Ihnen neben methodischen Tipps zur Gestaltung des Morgenkreises auch zahlreiche Anregungen, die am Anfang des Kindergartenjahres die Eingewöhnung in der Einrichtung und das Kennenlernen der Kinder untereinander unterstützen. Sie finden darüber hinaus Ideen zum Thema „Herbst“, mit denen Sie den Kindern diese Jahreszeit näherbringen und mit ihnen zusammen die Besonderheiten der Herbstmonate erleben können. Wecken Sie das Interesse der Kinder, indem Sie Gespräche führen, Fragen stellen und sie mit Liedern und Spielen zum Mitmachen und Nachdenken motivieren.

In den vier Kapiteln des Bandes finden Sie Aktivitäten und Anregungen, von denen die meisten ohne viel Aufwand sofort umsetzbar sind. Sollten Sie Vorbereitungen treffen müssen, sind diese genau erklärt. Sie können mit den Kindern oder ohne sie durchgeführt werden. Zu Wissensthemen, die Sie mit den Kindern im Morgenkreis besprechen und die Anlass für weitere Spielideen sind, gibt es in den jeweiligen Kapiteln außerdem Seiten mit Hintergrundinformationen.

Hinführung, Begrüßung und weitere Rituale
In diesem Kapitel finden Sie kleine Rituale, Spiele und Aktionen, mit denen Sie die Kinder auf wertschätzende und herzliche Art begrüßen und Übergänge kindgerecht gestalten können. Auch das Hinführen zum Kreis wird thematisiert. Sind alle da? Wer fehlt heute? – Das tägliche Durchzählen der Kinder ist wichtig, denn sie erleben dadurch, dass jedes Kind ein bemerkenswerter Teil der Gruppe ist. Spielerisch lernen die Kinder dabei außerdem die Wochentage, Monate und den Jahreslauf kennen.

Natur und Wissen
Dieses Kapitel bietet Anregungen, wie die Kinder im Morgenkreis spielerisch ihr Sachwissen erweitern können. Sie erhalten Impulse für weitere Forschungen und Beobachtungen. Hier sind die Jahreszeiten sowohl mit ihren jeweiligen Besonderheiten im Tier- und Pflanzenbereich als auch mit ihren unterschiedlichen Wetterbedingungen Thema. Im Hinblick auf den Herbst werden u. a. die Themen „Obst und Gemüse“ und „Der Kreislauf der Natur“ angesprochen.

Sprache und Kommunikation
Im Kreis kann jeder gesehen und gehört werden. Das Kapitel liefert für diese kommunikative Sitzordnung Ideen, die die Kinder zum Sprechen einladen. In diesem täglichen Ritual erfahren die Kinder, wie miteinander gesprochen wird und wie sie einander zuhören können. Fingerspiele, Gedichte und Reime erweitern darüber hinaus den Wortschatz und die Sprechfähigkeit der Kinder spielerisch.

Emotionalität
Das letzte Kapitel spricht den Bereich Sinne und Gefühle an. Es regt dazu an, sich im Morgenkreis mit (inter-)religiösen Bezügen und Werten auseinanderzusetzen. Egal ob Sie in einem christlich orientierten Kindergarten arbeiten oder ob die Einrichtung keine religiöse Ausrichtung hat – Kinder sollten auf jeden Fall erfahren, welche Werte unsere Gesellschaft prägen

und welchen Hintergrund religiöse Feste haben. Im vorliegenden Band gibt es daher Angebote zu Erntedank und Sankt Martin.

Darüber hinaus soll auch das Bedürfnis der Kinder, mit allen Sinnen zu lernen, nicht zu kurz kommen. Sie finden dazu Impulse, bestimmte Sinne zu mobilisieren, und Spielideen, wie Sie die Gefühle der Kinder in den Mittelpunkt des Geschehens stellen können. Die Kinder lernen, ihre Wünsche in Worte zu fassen, ihre Bedürfnisse und Gefühle zu äußern und Konflikte mit Worten statt mit den Fäusten zu lösen.

Die Aktivitäten in den einzelnen Kapiteln sind nicht an den Morgenkreis gebunden, sondern können auch zu anderen Tageszeiten und Gelegenheiten angeboten werden. Wenn in Ihrer Gruppe z. B. ein Abschlusskreis stattfindet, passen die meisten der Angebote ebenfalls in diese Runde. Viele Spielideen sind auch ideal für „Zwischendurch“, wenn die Gruppe Lust auf ein gemeinsames Spiel hat oder wenn Zeit vor dem Mittagessen überbrückt werden muss. Viele Aktionen können Sie sehr gut nach draußen verlegen. Sie sind daher auch für den Waldkindergarten oder Ausflugstage bestens geeignet.

Wie auch immer die Situation in Ihrer Einrichtung aussieht: Der Morgenkreis wird erst lebendig, wenn Sie und die Kinder ihn mit Leben füllen. Nehmen Sie daher meine Ideen mit, um Ihre eigenen Ideen und die der Kinder zu erweitern und zu vertiefen. Ich wünsche Ihnen dabei viel Freude!

Yvonne Wagner

Art der Aktivität:
Begrüßungsritual / Lied

Kompetenzbereiche:
Gemeinschaft erleben, soziales Miteinander und Rhythmusgefühl weiterentwickeln, Selbstwertgefühl entwickeln, Sprachkompetenz ausbauen, musikalische Erfahrungen vertiefen

Material:
Lied S. 9, ggf. Klangstäbe, Zimbeln, Handtrommeln, Triangeln

Guten Morgen!

Ein Begrüßungslied wird schnell zum beliebten Ritual. Es zeigt den Kindern, dass der gemeinsame Tag beginnt. Jedes Kind wird darin mit Namen einzeln angesprochen, sodass es die besondere Aufmerksamkeit aller erfährt und sich beachtet und wertgeschätzt fühlt. So sind alle Kinder im Kreis aufgenommen. Das gemeinsame Singen fördert zudem die fröhliche Stimmung in der Gruppe und setzt einen positiven Impuls für den bevorstehenden Tag.

So geht's:

- Die Kinder sitzen im Kreis.
- Stimmen Sie das Lied an. Begrüßen Sie nacheinander jedes einzelne Kind. Beginnen Sie, indem Sie den Namen des links von Ihnen sitzenden Kindes nennen.
- Unterstreichen Sie die Begrüßung mit einem Lächeln und nicken Sie dem Kind freundlich zu. Sie können dem jeweiligen Kind auch die Hand reichen.
- Nach ein paar Tagen haben die Kinder das Lied verinnerlicht, sodass sie mitsingen können. Das Kind, das gerade begrüßt wird, hört nur zu.
- Führen Sie nach und nach verschiedene Instrumente zur rhythmischen Begleitung des Liedes ein, die die Kinder abwechselnd verwenden.

Varianten:

- Das Kind, das gerade begrüßt wurde, wählt das nächste Kind aus, indem es ihm z. B. einen Ball zurollt oder ein kleines Stofftier zuwirft.
- Wenn das Lied im Kreis stehend gesungen wird, halten sich die Kinder an den Händen. Sie gehen zunächst dem Rhythmus entsprechend im Uhrzeigersinn im Kreis, ab „Schön, dass du heut da bist!" gegen den Uhrzeigersinn.

Guten Morgen!

Text: Yvonne Wagner
Melodie: nach „Bruder Jakob“

Melodievarianten je nach Silbenzahl der Vornamen:

eine Silbe:

zwei Silben:

drei Silben:

vier Silben:

Hinführung, Begrüßung und weitere Rituale

Art der Aktivität:
Begrüßungsspiel

Kompetenzbereiche:
Gemeinschaft erleben, soziales Miteinander, Konzentrationsfähigkeit, Wahrnehmung und Motorik weiterentwickeln, Selbstwertgefühl entwickeln

Material:
Ball

Wir begrüßen uns

Zu Beginn des Kindergartenjahres kommen neue Kinder in die Gruppe, sodass sich alle untereinander erst kennenlernen müssen. Bei diesem Begrüßungsspiel werden die Namen aller Kinder genannt und alle persönlich angesprochen. Dabei lernen die Kinder nicht nur die Namen, sondern auch die anderen Kinder selbst besser kennen. Außerdem üben sie, in der Gruppe zu kommunizieren und Worte zu finden, um Gefühle und Eindrücke zu benennen.

So geht's:

- Die Kinder sitzen im Kreis auf dem Boden – entweder im Schneidersitz oder auf den Unterschenkeln.
- Nehmen Sie den Ball und rollen Sie ihn zu einem Kind. Begrüßen Sie im Moment des Abstoßens das Kind, z. B.: „Guten Morgen, Julia."
- Das angesprochene Kind fängt den Ball und begrüßt die Erzieherin, z. B.: „Guten Morgen, Sylvia."
- Nun rollt das Kind den Ball zu einem anderen Kind und begrüßt es. Dieses antwortet wieder entsprechend.
- Auf diese Weise werden alle Kinder im Kreis begrüßt.

Varianten:

- Ergänzen Sie die Begrüßung mit einer Frage, z. B.: „Wie geht es dir heute?", oder der Feststellung: „Schön, dass du da bist!" In diesem Rahmen können die Kinder dann auch persönliche Wünsche und Pläne zum Ausdruck bringen: „Ich freue mich darauf, mit dir in der Puppenecke zu spielen."
- Statt mit einem Ball, können Sie das Spiel auch mit einem runden Wollknäuel durchführen, sodass ein „Spinnennetz" entsteht. Wickeln Sie etwas Wollfaden vom Knäuel ab und halten Sie das Fadenende vor dem Rollen des Knäuels fest. Das begrüßte Kind hält nun den Faden wiederum mit einer Hand und rollt mit der anderen Hand das Knäuel weiter. Achten Sie darauf, dass die Kinder den Wollfaden gut festhalten und nicht verlieren! Wenn alle Kinder begrüßt sind, wird wieder zum vorletzten Kind rückwärtsgerollt usw., bis die Wolle schließlich wieder komplett aufgewickelt ist.

Willkommen in der Gruppe!

Der Start im Kindergarten ist aufregend und für die meist erst dreijährigen Kinder eine große Herausforderung. Schließlich trennen sie sich dafür erstmals von ihren Eltern, ihren engsten Bezugspersonen. Mit diesem Spiel können Sie den neuen Kindern Nähe vermitteln, damit sie die Gemeinschaft spüren und darin Halt finden. Wichtig ist dabei, dass eine ruhige, angenehme Atmosphäre herrscht und die Gruppe nicht auf einzelne Kinder einstürmt.

Vorbereitung:

Achten Sie darauf, dass sich in der Kreismitte ein Teppich befindet. Wenn das nicht der Fall ist, breiten Sie eine große, dicke Decke auf dem Boden aus, auf der die Kinder liegen können.

So geht's:

- Alle Kinder sitzen im Kreis auf dem Boden.
- Wählen Sie ein Kind aus, das bereits länger in der Gruppe ist. Dieses Kind steht auf und dreht im Inneren des Kreises an den Kindern entlang langsam eine Runde.
- Schließlich bleibt dieses Kind bei einem Kind, das neu in der Gruppe ist, stehen und reicht ihm die Hand, z. B. mit den Worten: „Guten Morgen, Lena. Ich bin Felix. Kommst du mit?“
- Das Kind hat nun die Wahl: Wenn es verneint, setzt es sich wieder und das erste Kind fordert ein anderes Kind auf. Bejaht es, dann steht es auf und die beiden drehen gemeinsam eine Runde im Kreis.
- Anschließend legen sich beide Kinder nebeneinander in die Kreismitte auf den Teppich bzw. auf die Decke, sodass sich die Füße in der Kreismitte befinden. Sie können sich zusätzlich an den Händen halten, je nachdem, wie viel Nähe sie zulassen wollen.
- Nun steht das nächste Kind auf und holt ein anderes von seinem Platz ab, bis schließlich alle Kinder im Liegen einen Kreis bilden.
- Alle Kinder schließen für einen Moment ihre Augen.
- Tippen Sie nun ein Kind an, das leise aufsteht und wiederum ein anderes Kind antippt. Je nachdem, wie der Tagesablauf weitergeht, setzen sich die Kinder wieder in den Kreis oder gehen nacheinander leise aus dem Raum z. B. ins Bad oder zur Garderobe.

Tipp:

Wenn alle Kinder im Kreis liegen, können Sie leise Musik spielen, die beruhigend auf die Kinder wirkt. Oder Sie summen oder singen selbst ein ruhiges Lied oder zupfen eine Melodie auf der Gitarre. Verwenden Sie stets die gleiche Melodie, wenn Sie dieses Willkommen-Spiel im Morgenkreis anbieten.

Art der Aktivität:
Spiel

Kompetenzbereiche:
Gemeinschaft und körperliche Nähe erleben, soziales Miteinander weiterentwickeln, Selbstwertgefühl entwickeln

Material:
Teppich oder Decke

Hinführung, Begrüßung und weitere Rituale

Art der Aktivität:
Ritual

Kompetenzbereiche:
Gemeinschaft und körperliche Nähe erleben, soziales Miteinander und Wahrnehmung weiterentwickeln, Begrüßungsart kennenlernen, Text in Bewegung umsetzen

Material:
Lied S. 13

Wir geben uns die Hände

Zu einer Begrüßung im Alltag gehört – je nach Art und Häufigkeit des Zusammentreffens – oft auch das Händeschütteln. Diese einfache Geste zeigt eine besondere Wertschätzung, da sich die beiden Personen für ein paar Sekunden sehr nahe kommen. Bei diesem Lied für den Morgenkreis reichen sich die Kinder die Hände zur Begrüßung.

So geht's:

- In einem einführenden Gespräch können Sie das Händeschütteln als eine Form des Begrüßens thematisieren. Schlagen Sie anschließend vor, sich händeschüttelnd mit einem Lied zu begrüßen.
- Singen Sie das Lied zur Einführung zunächst vor und wiederholen Sie es mit den Kindern gemeinsam.
- Beginnen Sie dann mit dem dazugehörenden Spiel, wofür die Kinder im Kreis stehen.
- Für die erste Strophe benötigt jedes Kind einen Partner. Dafür drehen sich die Kinder der Reihe nach abwechselnd nach rechts und nach links zu ihrem Nachbarn. Bei einer ungeraden Anzahl an Kindern stehen Sie als Partner zur Verfügung.

1. Ich gebe dir die Hände,	*jedes Kind gibt seinem Partner zum Gruß die rechte Hand oder reicht ihm beide Hände*
ich schau dir ins Gesicht.	*die Kinder schauen sich während des Händeschüttelns gegenseitig ins Gesicht*
Der Tag ist schön, weil ich hier bin und weil du bei mir bist.	*die Kinder lösen die Handfassung und jedes Kind dreht sich einmal um sich selbst*

- Für die zweite Strophe bilden die Kinder wieder einen Kreis und fassen sich an den Händen.

2. Wir geben uns die Hände	*jedes Kind reicht seinem linken und rechten Nachbarn die Hand*
und schaun uns ins Gesicht.	*die Kinder wenden sich nach rechts und nach links und nicken ihren Nachbarn zur Begrüßung zu*
Der Tag ist schön, weil ihr hier seid und wir zusammen sind.	*die Kinder gehen mit Handfassung im Uhrzeigersinn im Kreis herum*

Wir geben uns die Hände

Text und Melodie: Yvonne Wagner

2. Wir geben uns die Hände
und schaun uns ins Gesicht.
Der Tag ist schön, weil ihr hier seid
und wir zusammen sind.

Art der Aktivität:
Liedeinführung

Kompetenzbereiche:
Gemeinschaft erleben, soziales Miteinander, auditive Wahrnehmung und Rhythmusgefühl weiterentwickeln, Selbstwertgefühl entwickeln, musikalische Erfahrungen vertiefen

Material:
Lied S. 15

Sonnengruß

Ein Lied am Morgen stimmt die Kinder positiv auf den kommenden Tag ein. Wenn für jede Gruppe ein Erwachsener zum Mitsingen zur Verfügung steht, ist das Lied auch als Kanon geeignet. Das erfordert Sicherheit in Text und Melodie und viel Aufmerksamkeit.

So geht's:

- Tragen Sie zunächst nur den Text des Liedes rhythmisch betont vor. Auf diese Weise bekommen die Kinder ein Gefühl für den Takt des Liedes.
- Lassen Sie die Kinder allmählich im Rhythmus mitsprechen.
- Ergänzen Sie schließlich die Melodie und lassen Sie die Kinder mehrmals mitsingen.
- Singen Sie das Lied über einen längeren Zeitraum täglich, bis alle Kinder text- und melodiesicher sind und kräftig mitsingen.
- Nach einiger Zeit können Sie einen ersten Versuch zum Kanon wagen: Teilen Sie die Kinder in zwei Gruppen ein, wobei jede Gruppe zunächst einen Erwachsenen zur Unterstützung bekommen sollte.
- Die erste Gruppe beginnt zu singen. Die zweite Gruppe steigt beim dritten Einsatz ein, d. h. wenn die erste Gruppen mit der dritten Zeile beginnt.
- Wenn eine Gruppe am Ende angelangt ist, beginnt sie wieder von vorne, so lange, bis Sie ein Zeichen für den gemeinsamen Schluss bei einer Fermate, d. h. am Ende einer Zeile geben.
- Probieren Sie das Kanonsingen immer wieder einmal aus. Irgendwann klappt es ganz sicher.

Varianten:

- Alternativ ist es auch möglich, alle Kinder gemeinsam den ersten Einsatz singen zu lassen. Sie setzen dann alleine ein. Die Kinder singen weiter und lassen sich von Ihnen möglichst nicht irritieren.
- Wenn die Kinder das Lied sehr gut beherrschen, ist es auch möglich, den Kanon mit vier Gruppen zu singen. Die entsprechenden Einsätze finden Sie im Notentext markiert.

Tipp:

Der Originaltext des Liedes lautet: „Die Sonne geht auf, das Dunkel entflieht, die Lerche singt jubelnd ihr Morgenlied". Wenn Sie mit den Kindern den Textinhalt geklärt haben, können Sie diesen Text als Variante verwenden. Beachten Sie, dass die Lerche vorwiegend von etwa Januar bis Juli singt.

Sonnengruß

Text: volkstümlich / Yvonne Wagner
Melodie: volkstümlich

Methodentipp: Kinder-Baum

Mithilfe dieses Baumes können Sie jeden Tag die Anwesenheit der Kinder feststellen. Zugleich holen Sie mit dem bunten Blätterbaum den Herbst ins Zimmer.

Herstellung:

- Stellen Sie aus Zeitungspapier einen dreidimensionalen Baum von mindestens 30 cm Höhe her. Je nach Anzahl der Kinder in Ihrer Gruppe kann es nötig sein, den Baum auch höher zu gestalten, damit später alle Blätter daran Platz finden.
- Zunächst formen Sie ein Gerüst für den Baum und seine Äste. Dafür drehen Sie Zeitungspapier wie beim Auswringen gegenläufig fest zusammen und kleben es in der gewünschten Form mit Malerkrepp aneinander.
- Stellen Sie den Baum auf ein Holzbrett (ca. 50 x 50 cm) oder ein Stück stabilen Pappkarton und befestigen Sie den Stamm darauf mit Klebeband.
- Kleben Sie nun Schicht für Schicht Zeitungspapier auf. Dafür mischen Sie am besten Kleister und Leim im gleichen Verhältnis. Wenn Sie als letzte Schicht unbedrucktes Papier auflegen, ist der Baum später einfacher zu bemalen.
- Lassen Sie den Baum etwa zwei Nächte trocknen und gestalten Sie ihn anschließend mit Plakatfarben nach Belieben farbig.
- Jedes Kind sucht sich bei einem Herbstspaziergang ein schönes Baumblatt, z.B. von Ahorn, Eiche oder Linde. Achten Sie darauf, dass die Blätter nicht zu groß sind, damit sie später am Baum hängen können.
- Zurück in der Einrichtung wird auf jedes Baumblatt ein Blatt Papier gelegt. Jedes Kind reibt mit einer Wachsmalkreide vorsichtig darüber, sodass schließlich der Blattumriss deutlich erkennbar ist.
- Nun kleben die Kinder das Papier mit dem Blattumriss auf Fotokarton und schneiden die Blattform aus.
- Auf das Blatt wird jetzt ein Foto des jeweiligen Kindes geklebt. Auch der Name darf nicht fehlen – möglichst selbst geschrieben. Jedes Kind gestaltet das Blatt noch nach Belieben mit Mustern, Stempelaufdrücken oder Aufklebern.
- Stechen Sie mit einem spitzen Stift oder einer spitzen Schere in den Blattstiel ein kleines Loch. Fädeln Sie ein Stück festen Draht oder eine Büroklammer hindurch und biegen Sie ihn so, dass er als Haken dient.

Einsatz:

- Stellen Sie den Baum in die Mitte des Morgenkreises.
- Bewahren Sie die Blätter mit den Namen der Kinder in einer flachen Schachtel auf.
- Jeden Morgen nimmt jedes Kind ein Blatt aus der Schachtel und nennt den Namen des abgebildeten Kindes. Ist dieses Kind anwesend, erhält es sein Blatt und hängt es an den Baum. Es nennt nun den nächsten Namen.
- Ist ein Kind nicht anwesend, so wird evtl. der Grund dafür genannt und das Blatt in die Schachtel zurückgelegt. Das Kind nimmt ein weiteres Blatt.

Wie viele Kinder sind heute da?

Zählen ist bei Kindergartenkindern eine beliebte Tätigkeit. Wenn Sie im Morgenkreis das Zählen der anwesenden Kinder mit Zahlenkarten unterstützen, prägen die Kinder sich durch das visuelle Erlebnis auch gleich die entsprechenden Zahlenbilder ein. Führen Sie das Zählen zu Beginn des Kindergartenjahres langsam ein, da vor allem die jüngeren Kinder oftmals noch gar keinen Bezug zu Zahlen haben. Wenn Sie und die älteren Kinder die jüngeren Kinder dabei unterstützen, stärkt das die Gemeinschaft und macht allen Spaß.

Vorbereitung:

Stellen Sie der Anzahl der Kinder in Ihrer Gruppe entsprechend stabile Karten aus Tonkarton her. Beschriften Sie die Karten mit deutlich geschriebenen Zahlen. Vermeiden Sie dabei Schwünge und Schnörkel! Laminieren Sie die fertigen Karten oder benutzen Sie durchsichtige Klebefolie, um sie haltbarer zu machen.

So geht's:

- Stellen Sie in einem einführenden Morgenkreis die Zahlenkarten vor. Zählen Sie zunächst alle Kinder und legen Sie die Zahlenkarten in der richtigen Reihenfolge nebeneinander auf den Boden.
- Nun nimmt jedes Kind eine Karte der Reihe nach auf. Mit der Karte stellen sich die Kinder wieder in der richtigen Reihenfolge auf. Zählen Sie nun nochmals gemeinsam.
- Als tägliches Ritual zieht jedes Kind eine Karte und setzt sich der Zahlenreihe entsprechend in den Kreis. Dies wird anfangs einige Zeit dauern und die Kinder benötigen dafür sicherlich Hilfe. Gerade die zweistelligen Zahlen ab 11 sind für die Kinder schwierig zu benennen und zu ordnen. Da die Kinder ihre Zahl ja noch nicht lesen können, sagen Sie jedem Kind, wie die Zahl heißt, die sie gezogen haben. Selbstverständlich können die Kinder auch nachfragen, z. B.: „Die 18 kommt vor der 19, oder?"
- Sitzen schließlich alle im Kreis, sagt jedes Kind der Reihe nach seine Zahl. So wird es automatisch wieder ruhiger.
- Zum Schluss werden eventuell übrige Karten gezählt. Damit die Kinder nicht von den daraufstehenden Zahlen irritiert sind, empfiehlt es sich, diese Karten umzudrehen. Gerade jüngere Kinder verstehen noch nicht, wieso eine Karte mit der Aufschrift 21 nun plötzlich als 1 gezählt wird.
- Wie viele Kinder fehlen? Wer fehlt? Warum?

Art der Aktivität:
Ritual

Kompetenzbereiche:
Gemeinschaft erleben, soziales Miteinander weiterentwickeln, Zahlen kennenlernen und benennen

Material:
Tonkarton, dicker Filzstift, Schere, ggf. Computer und Drucker, durchsichtige Klebefolie oder Laminiergerät

Art der Aktivität:
Spiel

Kompetenzbereiche:
soziales Miteinander, Aufmerksamkeit und visuelle Wahrnehmung weiterentwicklen, Gemeinschaft erleben

Material:
Tuch oder Decke

Material pro Kind:
Hausschuhe

Wem gehört der Schuh?

Mit diesem Spiel können Sie die Anwesenheit der Kinder feststellen und zugleich erhält jedes Kind für einen Moment die ungeteilte Aufmerksamkeit der Gruppe. Besonders am Anfang des Kindergartenjahres lernen die Kinder die Namen aller Gruppenmitglieder und können feststellen, wen sie schon gut kennen und wen noch nicht. Zusätzlich schulen sie ihr visuelles Gedächtnis im Hinblick auf die bewusste Wahrnehmung von Äußerlichkeiten.

So geht's:

- Alle Kinder sitzen auf dem Boden im Kreis. Jeder zieht einen Hausschuh aus und legt ihn in die Kreismitte.
- Mischen Sie die Schuhe durch und breiten Sie ein Tuch oder eine Decke darüber.
- Ein Kind zieht nun einen Schuh unter der Decke heraus und versucht herauszufinden, wem er gehört. Selbstverständlich ist hier der zweite Schuh, den das entsprechende Kind noch anhat, hilfreich. Es sagt den Namen des Kindes und bringt ihm den Schuh.
- Nun ist dieses Kind an der Reihe, einen Schuh unter der Decke hervorzuholen und seinem Besitzer zuzuordnen.
- Sprechen Sie abschließend mit den Kindern darüber, wer an diesem Tag fehlt. Besonders einfach ist das feststellbar, wenn Sie von den fehlenden Kindern vorab jeweils einen Hausschuh aus der Garderobe in den Gruppenraum mitgenommen haben und diesen nun vorzeigen.

Varianten:

- Das Spiel wird schwieriger, wenn die Kinder beide Hausschuhe ausziehen und in die Kreismitte legen. Besonders zu Beginn des Kindergartenjahres, wenn sich die Kinder noch nicht so gut kennen, sollten die Schuhe nicht abgedeckt werden. Nun sucht sich jedes Kind ein Paar Schuhe aus, das es zuordnen kann. Notfalls dürfen die Mitspieler auch helfen, indem sie Tipps geben, wie z. B.: „Die Schuhe gehören einem Mädchen" oder „Das Kind hat eine Brille". Wenn Sie vorab wiederum die Hausschuhe der fehlenden Kinder in die Mitte gelegt haben, dann bleiben diese nun übrig.
- Statt der Hausschuhe kann jedes Kind ein Kleidungsstück oder Accessoire abgeben. Das kann z. B. eine Haarspange sein, ein Halstuch, ein Gürtel oder eine Socke. Sie können dabei auch Kleidungsstücke wie Jacke, Matschhose oder Gummistiefel miteinbeziehen. Oder Sie verwenden für das Spiel auch einmal die Taschen oder Rucksäcke der Kinder.

Junge oder Mädchen?

Bei diesem Spiel zur Anwesenheitsüberprüfung haben die Kinder die Möglichkeit, ganz nebenbei die Namen der anderen Kinder kennenzulernen. Darüber hinaus wird jeweils auch das Geschlecht genannt. So lernen sich die Kinder – gerade zu Beginn eines neuen Kindergartenjahres – schnell näher kennen und fühlen sich der Gruppe zugehörig.

Vorbereitung:

Fotografieren Sie jedes Kind oder lassen Sie sich Fotos von den Eltern geben. Achten Sie darauf, dass die Gesichter der Kinder auf den Bildern deutlich zu erkennen sind. Am besten eignen sich Porträts ähnlich den üblichen Passbildern. Stellen Sie aus dem Tonkarton gleich große Karten (ca. 8 x 8 cm) mit einheitlicher Rückseite her und kleben Sie jedes Foto auf eine Karte. Laminieren Sie die fertigen Karten oder benutzen Sie durchsichtige Klebefolie, um sie haltbarer zu machen.

So geht's:

- Wenn alle Kinder im Kreis sitzen, legen Sie die Fotokarten verdeckt in die Kreismitte.
- Nun dreht ein Kind eine Karte um. Es betrachtet das Foto, sagt den Namen des abgebildeten Kindes, wenn es ihn weiß, und nennt dazu das Geschlecht, z. B.: „Das ist Peter. Er ist ein Junge." Oder: „Das ist Julia. Sie ist ein Mädchen." Es gibt dem Kind die Karte.
- Wenn es den Namen nicht weiß, sucht es anhand des Fotos im Kreis das entsprechende Kind. Es gibt ihm die Fotokarte und fragt: „Wie heißt du?" Anschließend stellt es z. B. fest: „Jonas ist ein Junge." Oder: „Teresa ist ein Mädchen."
- Es kann passieren, dass sich ein Kind nicht sicher ist, welchem Geschlecht das Gegenüber angehört. Das kann z. B. der Fall sein, wenn ein Junge sehr lange Haare hat und dazu einen Namen, der nicht eindeutig als männlich zu erkennen ist. Aber auch, wenn Kinder die Unterscheidung noch nicht verstanden haben. Das Kind fragt dann einfach direkt nach: „Bist du ein Junge oder ein Mädchen?"
- Die Karten von an diesem Tag fehlenden Kindern bleiben übrig. Die Kinder legen sie bei Ihnen ab.
- Nun zählen die Kinder, wie viele Fotokarten bei Ihnen angekommen sind.
- Sie können sich auch darüber austauschen, warum diese Kinder fehlen.
- Dann legen die Kinder der Reihe nach ihre Fotokarte bei Ihnen ab. Dabei zählen alle laut mit. Zum Schluss ist klar, wie viele Kinder anwesend sind.

Art der Aktivität:
Spiel

Kompetenzbereiche:
Gemeinschaft erleben, soziales Miteinander weiterentwickeln, Geschlechternamen unterscheiden, Namen Gesichtern zuordnen

Material:
Tonkarton, Klebstoff, Schere, Laminiergerät oder durchsichtige Klebefolie

Material pro Kind:
Foto, z. B. Passbild

Methodentipp: Kalenderbrett

Einen Kalender zum täglichen Benennen des Wochentags, des Monats und der Jahreszeit können Sie leicht selbst herstellen.

Herstellung:

- Besorgen Sie eine ca. 2 cm dicke Holzplatte mit der Größe 25 x 40 cm. Sie kann auch beliebig größer sein – dann können Sie die Karten entsprechend größer gestalten.
- Schneiden Sie aus dem Fotokarton jeweils gleich große Karten aus: In der Größe ca. 15 x 5 cm sieben Stück für die Wochentage, 12 für die Monate und vier für die Jahreszeiten. In der Größe 5 x 5 cm 14 Stück für die Datumszahlen und in der Größe 15 x 15 cm vier Stück für die Jahreszeitenbilder.
- Beschriften Sie die Karten entsprechend mit deutlichen Großbuchstaben. Für das Datum benötigen Sie einmal die Ziffern von 0 bis 9, eine leere Karte und einmal die Ziffern von 1 bis 3.
- Gestalten Sie die Jahreszeitenkarten mit Motiven, die die Jahreszeiten deutlich machen, oder bitten Sie eventuell die Kinder, dies zu tun.
- Lochen Sie die Karten jeweils links und rechts am oberen Rand. Die Zahlenkarten erhalten nur ein Loch in der Mitte.
- Sägen Sie von einem dünnen Rundholz (Ø ca. 4 mm) zehn Stäbchen mit einer Länge von etwa 2 cm ab. Schleifen Sie die Hölzchen auf einer Seite mit feinem Schleifpapier etwas ab.
- Legen Sie nun die Karten so auf die Holzplatte, wie sie später angeordnet sein sollen. Markieren Sie mit einem Stift die Löcher auf der Platte.
- Bohren Sie an den Markierungen etwa 5 mm tiefe Löcher. Der Durchmesser muss etwas kleiner als die Löcher sein und dem des Rundholzes entsprechen.
- Geben Sie etwas Leim in die Löcher und stecken Sie die Holzstäbchen fest hinein. Notfalls können Sie dafür auch einen kleinen Hammer verwenden. Lassen Sie den Leim trocknen.
- Befestigen Sie auf der Rückseite der Holzplatte einen stabilen Aufhänger.
- Bewahren Sie die Karten in einer kleinen Schachtel auf. Wenn Sie Gummiringe um die einzelnen Stapel wickeln, kommen sie nicht durcheinander.
- Hängen Sie den Kalender in Augenhöhe der Kinder deutlich sichtbar an die Wand.

Einsatz:

Ein oder zwei zum „Kalenderdienst“ ernannte Kinder versehen das Kalenderbrett täglich im Morgenkreis mit den aktuellen Daten. Jeden Tag müssen der Wochentag und das Datum ausgetauscht werden, gelegentlich der Monat und nur selten die Jahreszeit mit dem entsprechenden Motiv.

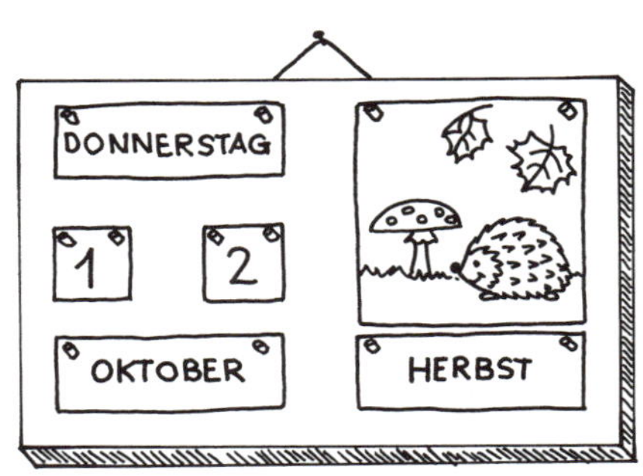

Methodentipp: Sanduhr

Bei Spielen im Morgenkreis oder zu anderen Anlässen im Tagesablauf ist oftmals eine Zeitbegrenzung erforderlich. Mithilfe einer Sanduhr kann man Zeiträume veranschaulichen: So wie der Sand durch die Uhr, vergeht die Zeit. Auf diese Weise werden die Kinder unterstützt, ein Zeitbewusstsein zu entwickeln.

Herstellung:

- Sie benötigen zwei saubere 0,5-Liter-PET-Flaschen mit schmalem Hals.
- Nehmen Sie die beiden Deckel der Flaschen ab, legen Sie sie mit den beiden Oberseiten aufeinander und verbinden Sie die beiden Deckel fest mit starkem Klebeband.
- Bohren Sie mit einem Stichel oder Vorbohrer ein ca. 3 mm dickes Loch durch die Mitte beider Deckel.
- Füllen Sie nun mithilfe eines Trichters trockenen und sauberen, feinen Vogelsand in eine Flasche.
- Schrauben Sie einen Deckel auf die Flasche und drehen Sie die zweite Flasche kopfüber auf den zweiten Deckel.
- Lassen Sie den Sand testweise durchlaufen. Erweitern Sie das Loch, wenn der Sand zu langsam rieselt.
- Falls die Kunststoffflaschen abgerundete Böden haben, können Sie an die Böden ein Stück Pappkarton kleben, um die Standfestigkeit zu erhöhen.

Einsatz:

- Sprechen Sie bei einem Spiel, das eine Zeitbegrenzung benötigt, mit den Kindern über Zeiträume. Was dauert lange? Was nur ganz kurz? Wie kann man feststellen, wie lange etwas dauert?
- Zeigen Sie eine gekaufte Sanduhr (z. B. zum Zähneputzen oder Eierkochen) und erklären Sie, dass es immer gleich lange dauert, bis der Sand aus dem einen Glas in das andere Glas gerieselt ist.
- Zeigen Sie den Kindern die selbst hergestellte Sanduhr. Wie lange dauert es, bis der Sand aus der einen Flasche in die andere gerieselt ist?
- Drehen Sie die Sanduhr um und stoppen Sie die Zeit. Nach jeder Minute wird an der unteren Flasche mit einem Strich die Höhe des Sandes markiert. Schreiben Sie die Minuten jeweils neben die Striche.
- Drehen Sie die Sanduhr nochmals um und bringen Sie auch an der anderen Flasche die Markierungen an.
- Verwenden Sie die Sanduhr im Kindergartenalltag, z. B. bei Erzählrunden, Kim- oder Legespielen.

Weiterführung:

Bauen Sie mit den Kindern weitere Sanduhren in verschiedenen Größen mit unterschiedlichen Sandmengen für unterschiedlich lange Zeiträume. Die Dauer lässt sich durch die Größe des Durchlasslochs und die Menge des Sandes verändern. Messen Sie die Zeiten der Sanduhren.

Art der Aktivität:
Spiel

Kompetenzbereiche:
Gemeinschaft erleben, taktile Wahrnehmung weiterentwickeln, Vorfreude erleben, Orientierung finden

Material:
Beutel oder Stofftasche, verschiedene zum Tagesplan passende Dinge

Der Tag im Beutel

Sicherlich haben Sie konkrete Pläne für den Tag. Im Morgenkreis ist der richtige Moment, diese den Kindern vorzustellen. Sie können sich bereits darauf einstellen, was sie erwartet, und freuen sich auf die Aktivitäten. Es ist aber sehr eintönig, den Plan einfach zu erzählen. Stellen Sie anschaulich vor, was Sie geplant haben, und sprechen Sie dabei alle Sinne der Kinder an, um ihr Interesse zu wecken.

Vorbereitung:

Wählen Sie passend zu Ihrem Tagesplan verschiedene Dinge aus. Auch eine kleine Zeichnung eignet sich zur Veranschaulichung. Stecken Sie alles in einen Beutel oder eine Stofftasche.
Vorschläge für Gegenstände: Aktivität „Nusskuchen backen“: Päckchen Vanillezucker, Schüssel, Haselnüsse; Aktivität „Ausflug in den Wald“: kleine Bäume (Holzspielzeug), Zweige, Laub; Aktivität „Herstellen einer Uhr“: kleiner Wecker, Schere, Klebstoff, Papier

So geht's:

- Kündigen Sie im Morgenkreis an, was für diesen Tag geplant ist. Vieles passiert jeden Tag, manches erahnen die Kinder, weil der Impuls dafür von ihnen ausging. Einiges haben Sie allein auf den Plan gesetzt.
- Geben Sie den gefüllten Beutel im Kreis herum, bevor die Kinder zu spekulieren beginnen. Jedes Kind darf zunächst einmal hineinfühlen, ohne etwas zu sagen.
- Ein Kind ertastet nun einen Gegenstand und nimmt ihn aus dem Beutel heraus.
- Dann überlegen die Kinder gemeinsam, wofür es stehen kann. Sie antworten mit ja und nein. Wird es nicht erraten, lösen Sie das Rätsel auf und erzählen ggf. kurz etwas dazu.
- Liegen schließlich alle Dinge im Kreis, können die Kinder sie sortieren.
- Um den Kindern für später Orientierung zu bieten, können die Dinge auch an einem festen Platz, z. B. auf dem Fensterbrett, der Reihe nach für den Tag liegen bleiben. Sobald eine Aktivität beginnt, holen Sie oder ein Kind die dazugehörigen Gegenstände.
- Auf diese Weise sehen die Kinder anschaulich, wie die Zeit vergeht und die Planung im Laufe des Tages umgesetzt wird.

Tipps:

- Da sich in dem Beutel weniger Dinge befinden, als Kinder in der Gruppe sind, können Sie festlegen, dass jeden Tag nur ein paar Kinder die Gegenstände ertasten dürfen. Wenn Sie das Spiel täglich oder wöchentlich durchführen, wechseln sich die Kinder entsprechend ab.
- Für ganz normale Tage ohne besonderes Programm legen Sie z. B. eine Zahnbürste, eine Seife, einen Becher, einen Würfel, einen Farbstift, einen Ball und einen Löffel in den Beutel.

Herbstlaub

Beenden Sie den Morgenkreis mit einem zur Jahreszeit passenden Spiel. Dabei stehen die Kinder ruhig auf und gehen – je nach Vorgabe – allein oder paarweise in einen anderen Raum.

Vorbereitung:

Legen Sie mindestens so viele getrocknete Laubblätter in die Schachtel oder in die Stofftasche, wie Kinder in der Gruppe sind. Es sollten von jeder Art mindestens zwei Stück vorhanden sein.

So geht's:

- Die im Beutel vorhandenen Blätter und auch die Namen der entsprechenden Bäume sollten die Kinder bereits kennen. Falls das noch nicht der Fall ist, zeigen Sie vorab von jeder Baumsorte ein Blatt und nennen den entsprechenden Namen.
- Jedes Kind nimmt nun reihum ein Blatt aus der Schachtel oder dem Beutel.
- Nun gibt es verschiedene Möglichkeiten:
  - Sie nennen einen Baum und das Kind, das Ihnen als Erstes das dazugehörige Blatt bringt, geht leise hinaus. Sie nennen einen anderen Baum usw.
  - Die Kinder suchen jeweils einen Partner, dessen Blatt von derselben Baumsorte stammt. Die beiden Kinder zeigen Ihnen die Blätter, legen sie ab und gehen hinaus.
  - Sie nennen eine Baumsorte. Alle Kinder, die das entsprechende Blatt haben, kommen zu Ihnen, zeigen es, legen es ab und gehen hinaus.

Tipps:

- Bunte Laubblätter verlieren schnell ihr hübsches Aussehen. Sie welken, kringeln sich zusammen und zerbröseln. Daher sollten Sie die frisch gesammelten Blätter sofort zwischen altes Zeitungspapier oder in Telefonbücher legen und beschweren. Nach einigen Tagen sind die Blätter trocken und glatt gepresst.
- Dieses Spiel eignet sich im Zusammenhang mit dem Thema „Bäume" (siehe S. 30–33).

Art der Aktivität:
Abschlussspiel

Kompetenzbereiche:
soziales Miteinander, Aufmerksamkeit und Merkfähigkeit weiterentwickeln, Wissen über Bäume erweitern und vertiefen

Material:
mehrere getrocknete Laubblätter pro Baumart, Schachtel mit Tuch oder Stofftasche

Art der Aktivität:
Abschlussspiel

Kompetenzbereiche:
soziales Miteinander, Aufmerksamkeit und Köperwahrnehmung weiterentwickeln, Ruhe und Entspannung erleben

Material:
–

Ruhiger Abschluss

Haben Sie gerade im Morgenkreis ein stürmisches Spiel gespielt, sind die Kinder sicher aufgekratzt und unruhig. Was nun aber tun, wenn die Kinder im Anschluss leise ins Bad zum Händewaschen gehen sollen? Führen Sie ein einfaches Abschlussritual durch, das die Kinder wieder zur Ruhe kommen lässt. Auch wenn manche Kinder es zunächst unangenehm finden, ruhig zu sitzen, merken sie bald, dass es ganz wohltuend ist, nur auf seine Atmung zu hören und zu fühlen, wie der Körper sich dabei sanft bewegt.

So geht's:

- Die Kinder sitzen im Kreis
- Bitten Sie die Kinder, sich bequem auf die Unterschenkel oder seitlich hinzusetzen und den Kopf auf die Hände zu stützen. Die Kinder sollen möglichst „in sich versinken“ und ihre Umwelt dabei nicht mehr beachten.
- Warten Sie einen Moment ab, bis alle Kinder ruhig sind. Sagen Sie nun ganz leise: „Spürt mal genau hin, wie ihr atmet. Ganz leise hört ihr die Luft, wie ihr sie ein- und ausatmet.“
- Warten Sie wieder einen Moment ab. Sollten einige Kinder betont laut atmen, warten Sie kurz und bitten Sie sie gegebenenfalls darum, wieder ganz leise zu atmen, sodass nur jeder selbst hören kann, wie die Luft ein- und ausgeatmet wird.
- Sagen Sie nun: „Hört genau hin, dann könnt ihr ein leises Pochen hören. Das ist euer Herz. Es schlägt kräftig und versorgt euren Körper mit Blut und Sauerstoff.“
- Die Kinder hören eine Weile zu. Lassen Sie sie, solange Sie ruhig dabei sind.
- Wenn die Kinder zur Ruhe gekommen sind und eine Zeitlang still gesessen haben, tippen Sie ein Kind ganz vorsichtig am Rücken an.
- Dieses Kind steht leise auf, tippt nun selbst jemanden vorsichtig an und geht anschließend leise hinaus zum zuvor vereinbarten Ort.
- Das angetippte Kind tippt nun wiederum den Nächsten an. Das geht reihum, bis schließlich alle Kinder aufgestanden sind und den Raum verlassen haben.

Infoseite: Herbst

- Am 22./23. September ist Herbstanfang. Die Jahreszeiten werden durch die Sonne bestimmt: Die Erde dreht sich jeden Tag einmal um sich selbst und außerdem jedes Jahr einmal um die Sonne. Aufgrund der Schräglage der Erdachse im Verhältnis zur Sonne, sind dabei die Tage und Nächte unterschiedlich lang. Doch am Herbstanfang ist der Tag genauso lang wie die Nacht – also jeweils 12 Stunden. Von diesem Tag an nimmt die Helligkeit ab, sodass die Nächte immer länger werden. Mit dem Winteranfang am kürzesten Tag des Jahres (21./22. Dezember) endet der Herbst.
- Der Herbst gilt als die Jahreszeit der Ernte: In der Landwirtschaft werden nun Kartoffeln, Mais und Getreide geerntet. An den Obstbäumen sind z.B. Äpfel, Birnen und Zwetschgen reif. In den Gärten können z.B. Bohnen, Erbsen, Kürbisse, Rettich und verschiedene Kohlsorten geerntet und für den Winter eingelagert werden.
- Im Herbst kann man auch an vielen Bäumen und Sträuchern leuchtende Früchte und Beeren entdecken. Viele Früchte sind jedoch für uns Menschen entweder roh ungenießbar (z.B. Vogelbeeren, Schlehen) oder sogar giftig (z.B. Holunderbeeren, Pfaffenhütchen, Liguster). Sie dürfen auf keinen Fall geerntet oder etwa gegessen werden!
- Für den Herbst typisch ist die bunte Färbung der Blätter von Laubbäumen. Bevor die Blätter abfallen, entzieht der Baum ihnen die noch brauchbaren, energiereichen Stoffe wie Blattgrün, Zucker und Mineralien. Er speichert sie über den Winter in seinem Holz. Wenn das Blattgrün aus den Blättern abgeleitet wird, werden die darunterliegenden Farben sichtbar. Die Blätter färben sich gelb oder orange. Die absterbenden Laubblätter verfärben sich später braun und fallen schließlich ab.
- Der Winter ist für frei lebende Tiere eine ungünstige Jahreszeit. Daher haben sie unterschiedliche Strategien entwickelt, um sich an die Kälte und den Nahrungsmangel anzupassen bzw. diesen schwierigen Bedingungen auszuweichen:
  - Tiere, die **Winterschlaf** halten, z.B. der Igel, die Haselmaus, der Siebenschläfer und die Fledermaus, fressen sich im Herbst eine dicke Fettschicht an. Schließlich suchen sie sich einen geeigneten Unterschlupf, wo sie über den Winter in einen tiefen Schlaf fallen. Dabei werden die Körperfunktionen (Atmung, Körpertemperatur und Herzschlag) auf ein lebensnotwendiges Minimum reduziert. Sie zehren in dieser Zeit von ihrem Fettvorrat, der bis zum Frühling stark abnimmt.
  - Tiere, die den Winter in **Winterruhe** verbringen, z.B. das Eichhörnchen, der Dachs und der Maulwurf, legen sich im Herbst einen Nahrungsvorrat an. Sie verschlafen zwar die meiste Zeit, können jedoch an wärmeren Tagen aufwachen und fressen sich dann an ihrem Vorrat satt.
  - Wechselwarme Tiere, z.B. Frösche, Eidechsen, Insekten, Schnecken, fallen im Winter in **Kältestarre**. Dabei passt sich die Körpertemperatur der Außentemperatur an und ihr Stoffwechsel wird ganz stark reduziert.
  - Vögel, die sich vor allem von Insekten ernähren, finden im Winter nicht genügend Nahrung. Sie verlassen deshalb im Herbst ihr Brutgebiet und fliegen in den warmen Süden. **Zugvögeln** sagt der Instinkt, wann es Zeit für den Abflug ist. Manche Vögel fliegen nur bis Südeuropa oder Nordafrika, andere bis nach Afrika südlich der Sahara. Zugvögel sind z.B. die Schwalbe, der Kuckuck, der Star und der Storch.

Art der Aktivität:
Gespräch

Kompetenzbereiche:
Sachwissen erweitern, Selbstverantwortung und Sprechfreude entwickeln

Material:
Bilder von Strauchbeeren und Heckenfrüchten, Pflanzenbestimmungsbücher

Achtung!
Weisen Sie die Kinder darauf hin, dass sie grundsätzlich keine Beeren und Früchte von Sträuchern pflücken und essen dürfen!

Leuchtende Früchte

Im Herbst kann man an vielen Bäumen und Sträuchern in Parks und Gärten auffällig gefärbte Beeren und Früchte entdecken. In leuchtendem Orange oder Rot, aber auch in Blauschwarz verlocken sie dazu, sie zu pflücken und zu essen. Da Kinder noch nicht zwischen „giftig" und „ungiftig" unterscheiden, sollten sie grundsätzlich keine Beeren und Früchte von Sträuchern essen! Sensibilisieren Sie die Kinder für diese Gefahr, ohne jedoch unnötig Ängste zu schüren.

So geht's:

- Machen Sie die Kinder anhand von Bildern auf die Beeren und Früchte aufmerksam, die man im Herbst entdecken kann. Falls möglich, benennen Sie die entsprechenden Sträucher.
- Überlegen Sie mit den Kindern, warum die Früchte so eine auffällige Farbe haben. Erklären Sie, dass die leuchtenden Farben und das saftige Fruchtfleisch Vögel anlocken sollen. Die Vögel fressen die Früchte und fliegen weiter. An einer anderen Stelle geben die Vögel die unverdaulichen Samen wieder von sich, die nun keimen und wachsen, sodass ein neuer Strauch entsteht.
- Weisen Sie die Kinder darauf hin, dass die Beeren für Vögel nicht giftig sind, für uns Menschen dagegen schon! Kinder sollten grundsätzlich keine Baum- und Strauchfrüchte ohne Erlaubnis der Eltern oder anderer Erwachsener essen.

Tipp:

Machen Sie mit den Kindern einen Spaziergang in einen Park. Dort können Sie die Früchte verschiedener Heckensträucher betrachten. Da oft auch weitere Pflanzenteile giftig sind, dürfen die Pflanzen nicht angefasst und weder Blätter noch Früchte gepflückt werden!

Auswahl häufig vorkommender Pflanzen mit giftigen Früchten:

Rote Beeren:	Eibe, Seidelbast, Weißdorn, Rote Heckenkirsche, Zwergmispel
Blauschwarze Beeren:	Holunder, Schlehe, Liguster, Faulbaum, Tollkirsche, Purgier-Kreuzdorn
Orangefarbene Beeren:	Vogelbeeren
Rosa / rote Kapselfrüchte:	Pfaffenhütchen

Obst und Gemüse

Die Nahrungsmittel, die man in einem Garten erntet, kann man in Obst und Gemüse einteilen. Eine wissenschaftlich fundierte Definition für die Bestimmung von Obst und Gemüse gibt es nicht. Als Kriterium für die Unterscheidung, die auch Kinder verstehen, kann man sagen, dass Obst eher süß ist, Gemüse dagegen eher mit Salz und Pfeffer gegessen wird. Die Kinder lernen die Einteilung kennen und sollten sich damit im Alltag allmählich zurechtfinden.

So geht's:

- Wiederholen Sie im Morgenkreis verschiedene Obst- und Gemüsesorten, die die Kinder bereits im Zusammenhang mit dem Thema „Ernte" kennengelernt haben. Sie sollten die entsprechenden Nahrungsmittel möglichst vorzeigen können. Sie werden dann in die Kreismitte gelegt.
- Schlagen Sie vor, die vorhandenen Nahrungsmittel zu sortieren.
- Lassen Sie die Kinder vermuten, welche Kriterien zum Ordnen geeignet sind: z. B. nach Farbe, nach Form, nach Geschmack (z. B. süß, sauer, bitter). Überlegen Sie gemeinsam, welche Vor- und Nachteile diese Einteilungen haben.
- Erinnern Sie die Kinder an die Ware im Supermarkt oder auch im Kühlschrank zu Hause. Nach welchen Kriterien sind die Nahrungsmittel dort geordnet?
- Wenn den Kindern die Einteilung in Obst und Gemüse nicht einfällt, schlagen Sie sie vor.
- Stellen Sie nun einen Korb und einen Topf mit Salz- und Pfefferstreuer in die Mitte des Kreises. Alle Obstsorten sollen in den Korb gelegt werden. Überlegen Sie mit den Kindern, auf welche Nahrungsmittel sie vor dem Essen Salz und/oder Pfeffer streuen würden – Gemüse kommt daher in den Topf.
- Nun nimmt jedes Kind ein Obst oder Gemüse aus der Kreismitte, nennt seinen Namen und legt es in den entsprechenden Korb bzw. Topf.

Tipps:

- Bereiten Sie aus den Nahrungsmitteln eine gesunde Mahlzeit zu oder nutzen Sie sie für das gemeinsame Mittagessen.
- Weitere Unterscheidungskriterien für Obst und Gemüse sind:
  - Obst ist roh essbar, Gemüse muss oft zuerst gekocht werden. Allerdings ist die Einteilung nicht eindeutig, weil Gemüse wie Gurke, Tomate, Kohlrabi, Radieschen und Salat auch roh gegessen wird.
  - Eine allgemeiner gültige Unterscheidung ist, dass Obst von mehrjährigen Pflanzen stammt (Pflanze blüht im Frühling und es bilden sich Früchte, z. B. Apfelbaum, Beerenstrauch) und dass Gemüse von einjährigen Pflanzen geerntet wird (Pflanze wächst aus Samen, es entstehen Früchte und anschließend stirbt die Pflanze wieder ab, z. B. Radieschen, Kürbis, Tomate).

Art der Aktivität:
Gespräch/Übung

Kompetenzbereiche:
Sachwissen erweitern, Obst und Gemüse einteilen

Material:
Korb, Topf, verschiedenes Obst (z. B. Apfel, Birne, Melone, Brombeeren), verschiedenes Gemüse (z. B. Möhren, Bohnen, Kohlrabi, Zwiebel, Spinat), Salz- und Pfefferstreuer

Art der Aktivität:
Tanz

Kompetenzbereiche:
Rhythmusgefühl, Koordination und soziales Miteinander weiterentwickeln, Lied gestalterisch umsetzen, Freude an Bewegung empfinden

Material:
Lied S. 29

Spannenlanger Hansel

Zum Abschluss der Erntearbeiten im Herbst traf sich früher das ganze Dorf zu einem Fest, bei dem auch getanzt wurde. Daran erinnert dieser Tanz zu einem einfachen Kinderlied. Durch den ständigen Wechsel des Tanzpartners kommen die Kinder auch mit Kindern in Kontakt, die gerade neu in die Gruppe gekommen sind und die sie noch nicht so gut kennen. Auf diese Weise fördert diese Aktivität die Gemeinschaft.

So geht's:

- Singen Sie das Lied mehrmals, damit die Kinder damit bereits vertraut sind, wenn Sie den Tanz einüben.
- Nun können Sie den Tanz ausprobieren. Die Kinder stellen sich paarweise im Kreis auf, wobei ein Kind jeweils mit dem Rücken zur Kreismitte steht und das andere Kind gegenüber.
- Die Paare fassen sich an beiden Händen.

Spannenlanger Hansel, nudeldicke Dirn,	*seitliche Nachstellschritte im Uhrzeigersinn machen, d. h. die äußeren Kinder nach links und die inneren Kinder nach rechts*
geh'n wir in den Garten, schütteln wir die Birn'.	*seitliche Nachstellschritte gegen den Uhrzeigersinn machen, d. h. die äußeren Kinder nach rechts und die inneren Kinder nach links*
Schüttel ich die großen, schüttelst du die klein'.	*die Kinder lösen die Handfassung und schütteln sich, dabei machen die äußeren Kinder einen Schritt nach links, sodass sie sich mit einem neuen Partner wieder paarweise gegenüberstehen*
Wenn das Säcklein voll ist,	*seitliche Nachstellschritte im Uhrzeigersinn machen*
geh'n wir wieder heim.	*seitliche Nachstellschritte gegen den Uhrzeigersinn machen*

Variante:

Den Inhalt des Liedes können die Kinder auch pantomimisch umsetzen.

Spannenlanger Hansel

Text und Melodie: volkstümlich

2. „Lauf doch nicht so närrisch, spannenlanger Hans.
Ich verlier' die Birnen und die Schuh' noch ganz."
„Trägst ja nur die kleinen, nudeldicke Dirn,
und ich schlepp' den schweren Sack mit den großen Birn'."

Art der Aktivität:
Spiel

Kompetenzbereiche:
Sachwissen und Wortschatz erweitern, Aufmerksamkeit weiterentwickeln

Material:
Karten von S. 31/32, Infoseite S. 33, Blätter, Früchte, Zapfen, Rindenstücke, ggf. weitere Bilder und Fotos

Bäume

Ausgehend von den bunten Blättern und den Baumfrüchten, bietet es sich im Herbst an, sich genauer mit Bäumen und ihrem Aussehen zu beschäftigen. Nach einer Weile kennen die Kinder die wichtigsten Bäume mit Namen und können sie bereits unterscheiden. Um dieses Wissen weiter zu festigen, bieten Sie im Morgenkreis dieses Baumspiel an, bei dem die Kinder die entsprechenden Teile und Dinge einer Baumart zuordnen. Sie können dabei die Gedächtnisleistung und die Ausdrucksfähigkeit einzelner Kinder beobachten.

So geht's:

- Legen Sie in die Kreismitte Blätter, Früchte, Zapfen und Rindenstücke verschiedener Bäume, ggf. auch entsprechende Bilder.
- Verteilen Sie außen herum die Karten mit den Informationen zu den einzelnen Bäumen.
- Wählen Sie nun für sich die Karte eines Baumes aus und beschreiben Sie diesen Baum mit seinen typischen Merkmalen, z. B.: „Es ist ein Laubbaum/Nadelbaum. Die Blätter sind …, die Früchte heißen …“ Auf der Infoseite finden Sie entsprechende Informationen, sodass Sie auch weitere interessante Dinge zu dem entsprechenden Baum erzählen können. Achten Sie darauf, nicht den Namen des Baumes zu nennen!
- Die Kinder hören aufmerksam zu und wählen aus den Materialien die Gegenstände aus, die zu dem beschriebenen Baum gehören.
- Auf diese Weise werden nach und nach jeder Baumkarte die entsprechenden Dinge zugeordnet.
- Wenn Sie dieses Spiel bereits einige Male gespielt haben, kann nach einiger Zeit ein Kind die Aufgabe des Beschreibens übernehmen.

Tipp:

Aus den Baumkarten und den Materialien können die Kinder Informationsplakate gestalten, die in der Einrichtung aufgehängt werden. So können sich die Kinder jederzeit in Erinnerung rufen, welche Gegenstände zu welchem Baum gehören.

Variante:

Zusätzlich können Sie zu den einzelnen Bäumen auch weiteres Material mitbringen, z. B. bei der Linde einen Beutel Lindenblütentee, bei der Birke einen Spankorb oder beim Ahorn Ahornsirup. Vielleicht haben Sie auch die Möglichkeit, entsprechendes Holz mitzubringen, sodass die Kinder es fühlen und daran riechen können.

Gestaltungsvorlage: Bäume (1)

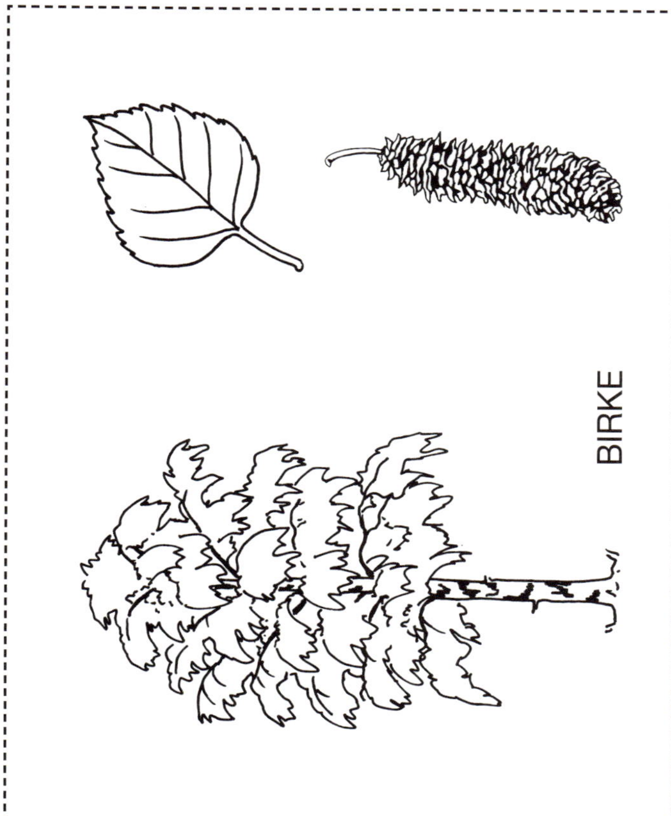

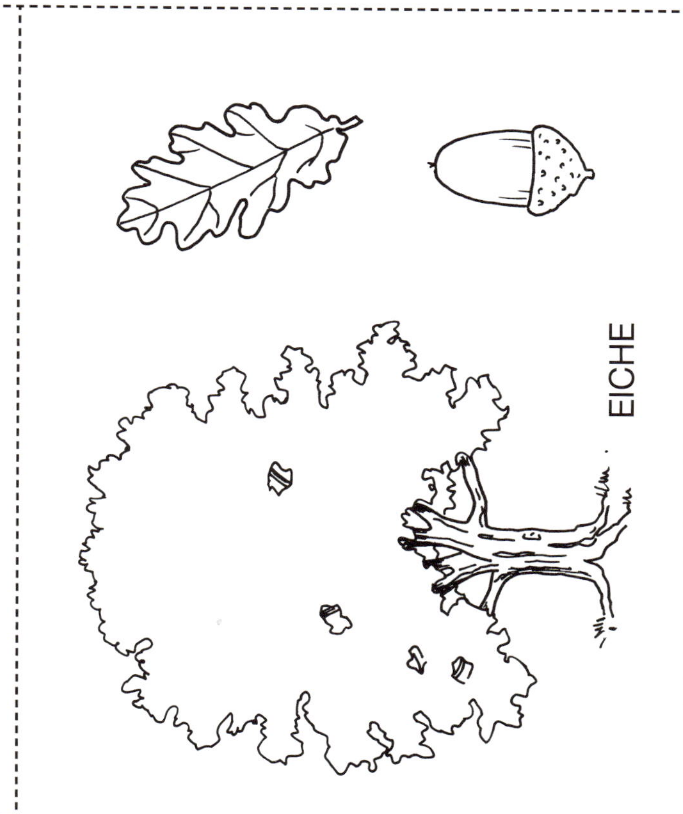

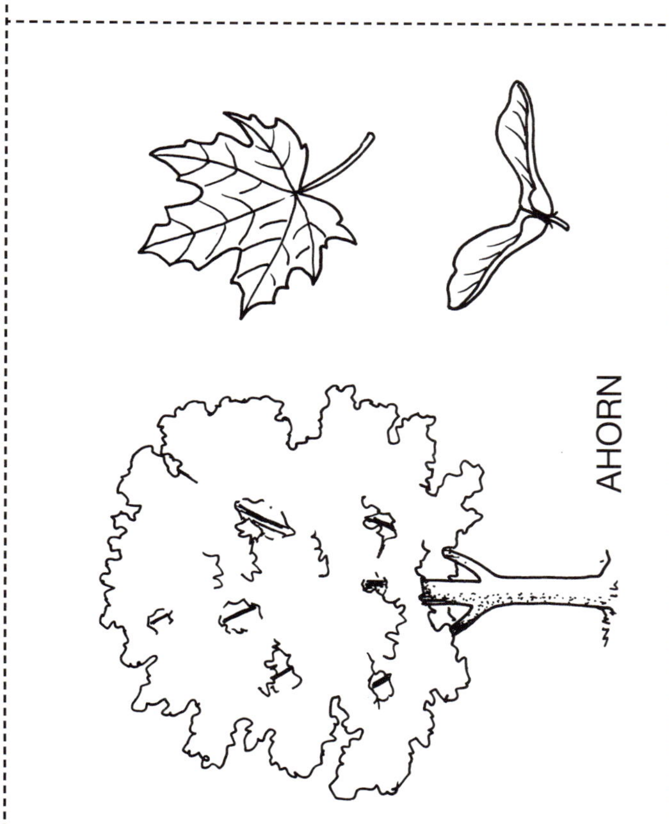

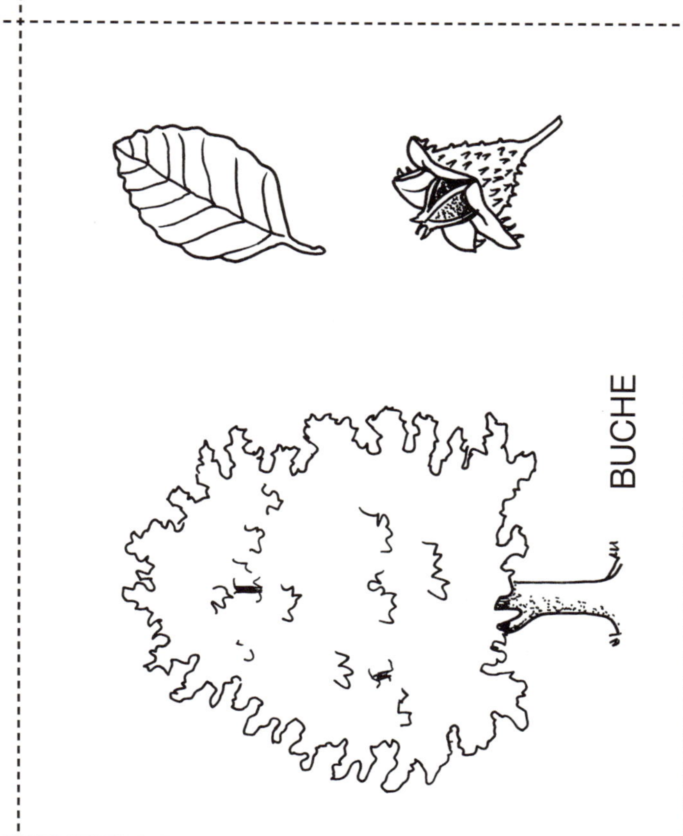

Gestaltungsvorlage: Bäume (2)

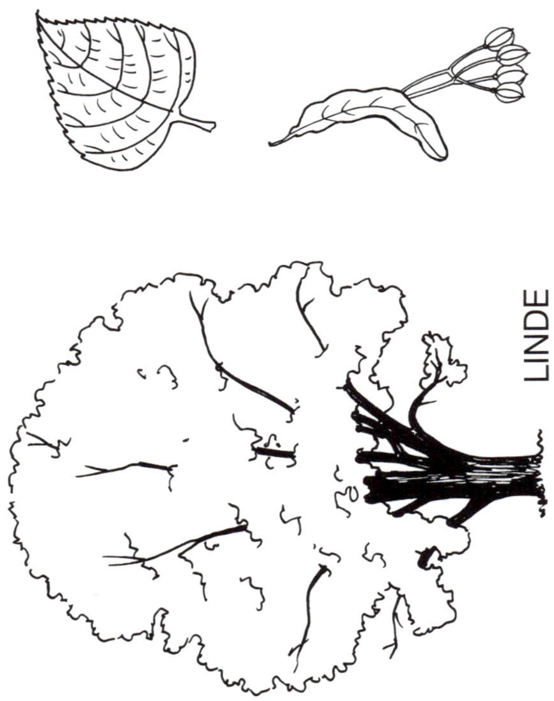

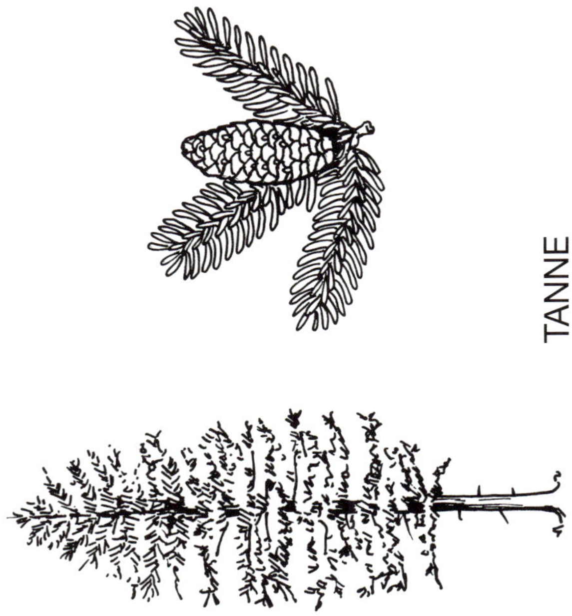

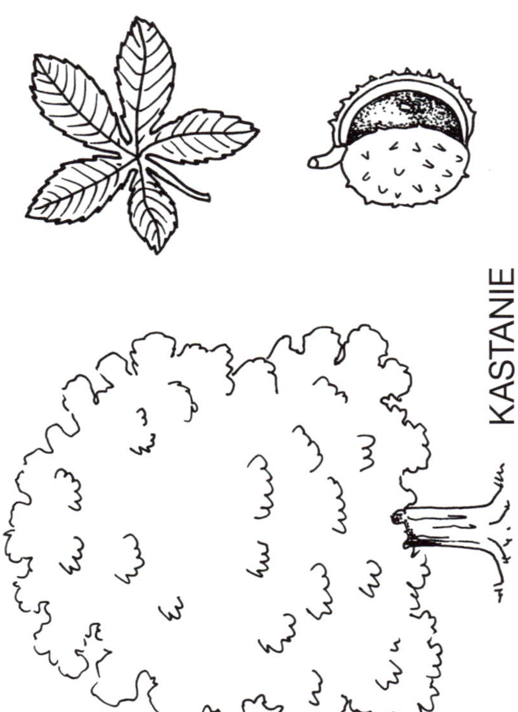

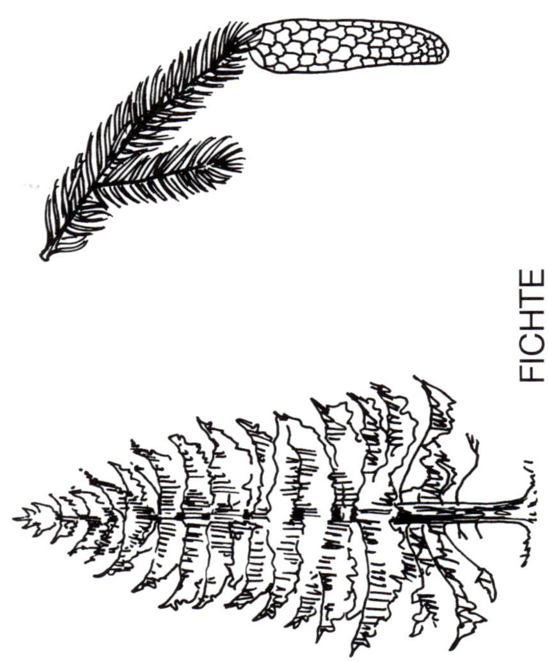

Infoseite: Bäume

Ahorn
Laubbaum
- 20–30 m hoch
- schwärzliche, feinrissige Rinde
- das Blatt ist gefingert und außen gezähnt
- aus dem Holz werden Musikinstrumente und Möbel hergestellt
- die Flügelfrüchte des Ahorns kann man als „Nasenzwicker" auf die Nase setzen
- Ahornsirup (in Nordamerika zu Pfannkuchen üblich)

Birke
Laubbaum
- 25–30 m hoch
- weiße bis grauweiße Rinde mit abblätternden Schichten
- das Blatt ist rautenfömig, unten glatt, oben gezähnt
- die Früchte der Birke nennt man „Zäpfchen", sie bestehen aus vielen kleinen Nusssamen
- Birken entziehen dem Boden viel Wasser
- das Holz wird als Furnier oder für Sperrholzplatten verwendet, auch als Feuerholz oder zum Herstellen von Fackeln
- Birkensaft wird als Haarwasser verwendet

Buche
wichtigster heimischer Laubbaum
- bis 45 m hoch
- glatte Rinde
- das Blatt ist eiförmig, glatt und leicht gewellt
- die Früchte der Buche heißen Bucheckern
- Holz wird für Möbel und als hochwertiges Brennholz verwendet
- die Bucheckern sind Nahrung für viele Tierarten

Eiche
Laubbaum
- bis 40 m hoch
- schwarzgraue, rissige Rinde
- kann über 1000 Jahre alt werden
- das Blatt ist eiförmig, außen tief eingebuchtet
- die Früchte heißen Eicheln
- aus dem besonders harten Holz werden Möbel und Schiffe hergestellt
- Eicheln sind Nahrung für Wildschweine und andere Tiere
- aus getrockneten und gerösteten Eicheln kann man Kaffee herstellen

Kastanie
Laubbaum
- bis 30 m hoch
- knorriger Baum mit dicken Ästen
- graubraune Rinde mit tiefen Rissen
- das Blatt ist handförmig gefiedert und am Rand gesägt
- stachelige Früchte mit Kastanien als Samen
- Kastanien sind Nahrung für Wildtiere

Linde
Laubbaum
- bis 40 m hoch (je nach Art)
- die Rinde ist rau und rissig
- das Blatt ist herzförmig und außen gesägt
- aus frischen oder getrockneten Blüten kann man Lindenblütentee herstellen
- die Früchte der Linde sind gestielte, kugelige Nüsschen mit darin liegenden Samen
- das weiche Holz eignet sich zum Schnitzen

Fichte
Nadelbaum
- pyramidenförmiger, schlanker Baum, bis 50 m hoch
- rötlichbraune Rinde
- kurze, spitze, vierkantige Nadeln, stehen um Zweig herum
- zylindrisch geformte Zapfen hängen am Zweig nach unten und fallen im Ganzen ab
- Holz wird für Papier, Spanplatten und Möbel sowie als Bauholz oder Brennholz verwendet
- aus jungen Fichtentrieben wird Fichtenhonig hergestellt (gegen Husten, Grippe und Erkältung)
- Badezusatz aus Fichtennadelextrakt

Tanne
Nadelbaum
- kegelförmiger, gerader Baum, bis 50 m hoch
- weißgraue Rinde
- kurze, flache, stumpfe Nadeln, stehen „gescheitelt" am Zweig
- Zapfen stehen aufrecht auf dem Zweig, die Schuppen fallen einzeln ab, die Spindel bleibt zurück
- Holz wird als Bauholz verwendet
- aus Tannenzapfen oder -nadeln kann man Öl zum Inhalieren und Einreiben herstellen
- typischer Weihnachtsbaum

Art der Aktivität:
Übung

Kompetenzbereiche:
Sachwissen erweitern, Zusammenhänge in der Natur kennenlernen, Aufmerksamkeit weiterentwickeln, Sprechfreude entwickeln

Material:
Fichtenzapfen, Kastanien, Haselnüsse, Walnüsse, Bucheckern und andere Baumfrüchte

Baumfrüchte

Jedes Jahr im Herbst fallen unzählige Kastanien, Nüsse, Bucheckern und andere Baumfrüchte auf die Erde. Bei Kindern ist das Sammeln dieser Früchte sehr beliebt. Zeigen Sie den Kindern einmal den eigentlichen Zweck und Nutzen dieser Früchte in der Natur.

So geht's:

- Legen Sie die gesammelten Baumfrüchte in die Kreismitte. Überlegen Sie gemeinsam, von welchen Bäumen sie stammen.
- Lassen Sie die Kinder überlegen, welche Aufgaben und welchen Nutzen Baumfrüchte in der Natur haben. Was passiert mit den heruntergefallenen Baumfrüchten, die niemand aufsammelt?
- Geben Sie den Kindern als Hilfe das Stichwort Eichhörnchen (vgl. S. 25). Was macht es mit den Baumfrüchten? Warum? Was geschieht mit den Baumfrüchten, die das Eichhörnchen im Winter nicht mehr findet?
- Erklären Sie, dass auch andere Wildtiere, wie z. B. Wildschweine oder Rehe, sich von den Baumfrüchten ernähren. Daher werden sie im Winter, wenn Schnee liegt und sie kein Futter mehr finden können, von Förstern damit gefüttert.
- Regen Sie an, weitere Baumfrüchte für die Winterfütterung von Tieren zu sammeln. Vielleicht kennen einige Kinder Stellen, wo es entsprechende Bäume gibt.

Tipps:

- Fragen Sie vorab bei einem Jäger oder Förster nach, ob er Baumfrüchte für die Winterfütterung benötigt und welche geeignet sind. Nicht überall werden gesammelte Kastanien und Bucheckern angenommen!
- Schlagen Sie den Kindern vor, wie das Eichhörnchen eine Kastanie in Erde zu vergraben. Jedes Kind erhält dafür einen kleinen Topf mit Erde, in die eine Kastanie gesteckt wird. Die Erde muss gut feucht gehalten werden! Am besten stellt man den Topf im Winter geschützt ins Freie. Wenn es im Frühling wärmer wird, platzt die weiche Schale auf und der Kern beginnt zu keimen: Ein neuer Kastanienbaum entsteht!
- Die Beeren von Weißdorn, Holunder, Eberesche und Schlehe sind besonders bei Vögeln beliebt (siehe S. 26). Körnerfressende Vögel mögen Sonnenblumenkerne, Kürbiskerne und Bucheckern. Auch sie können im Herbst gesammelt werden. Sie müssen unbedingt trocken gelagert und können im Winter zu Vogelfutterringen o. Ä. weiterverarbeitet werden.

Der Kreislauf der Natur

Im Laufe eines Jahres durchlaufen Pflanzen den Lebenskreislauf vom Samen über die blühende Pflanze bis zum Verwelken und Absterben. Dieser Kreislauf gilt jedoch nicht nur für Pflanzen, sondern für die ganze Natur und auch für Tiere und Menschen. Im Herbst zeigt sich das „Absterben" in der Natur und in diese Zeit fallen auch viele Totengedenktage (z. B. Allerheiligen). Doch nur, wenn etwas vergeht, kann auch wieder etwas Neues entstehen. Im Gespräch tauschen sich die Kinder darüber aus.

Vorbereitung:

Schneiden Sie die Karten der Gestaltungsvorlage auseinander und gestalten Sie sie farbig bzw. bitten Sie die Kinder, die Bilder auszumalen. Laminieren Sie die fertigen Karten oder benutzen Sie durchsichtige Klebefolie, um sie haltbarer zu machen.

So geht's:

- Sitzen die Kinder im Kreis und sind zur Ruhe gekommen, legen Sie die Bildkarten des Kreislaufs vor sich verdeckt auf den Boden. Beginnen Sie mit der blühenden Pflanze (Sommer).
- Decken Sie diese erste Karte auf und zeigen Sie sie den Kindern. Evtl. geben Sie sie herum, damit alle sie gut betrachten können. Lassen Sie die Kinder erzählen, was sie auf der Karte sehen und was sie ggf. in das Bild hineininterpretieren.
- Decken Sie die nächste Karte auf und verfahren Sie wie oben. Legen Sie die beiden Karten nebeneinander vor sich hin. Die Kinder vergleichen und stellen die Unterschiede bzw. die Entwicklung fest: „Die Blume ist verwelkt."
- Decken Sie wiederum die folgende Karte auf. Die Kinder beschreiben, was sie sehen, und können auch überlegen, wie es wohl anschließend weitergeht.
- Sind alle Karten aufgedeckt, legen Sie sie kreisförmig aus und stellen damit den Kreislauf dar.
- Sprechen Sie mit den Kindern darüber, wo es noch ähnliche Abläufe mit Werden und Vergehen gibt, z. B. bei Bäumen, Tieren und Menschen. Auch wenn die Kinder einen Turm bauen, wird dieser irgendwann zerstört, damit aus den Steinen wieder etwas Neues entstehen kann.

Tipps:

- Achten Sie bei einem Gespräch darauf, dass die Kinder beim Thema Vergänglichkeit keine unnötigen Ängste vor dem Tod aufbauen. Seien Sie ausreichend sensibel und schätzen Sie ein, was für die Kinder erträglich ist.
- Bieten Sie den Kindern an, selbst solche Kreisläufe zu zeichnen. Vielleicht den Kreislauf des Lebens eines Menschen oder Tieres oder einer anderen Pflanze. Auch diese Bilder können als Bildkarten gestaltet werden.

Art der Aktivität:
Gespräch

Kompetenzbereiche:
Sinneswahrnehmung und Kommunikationsfähigkeit weiterentwickeln, Gefühle erkennen, benennen und verarbeiten

Material:
Kopie S. 36, Farbstifte, Schere, durchsichtige Klebefolie oder Laminiergerät

Gestaltungsvorlage: Der Kreislauf der Natur

Die Jahreszeiten entdecken

Im Lied „Ich bin das ganze Jahr vergnügt“ wird anschaulich dargestellt, welche Tätigkeiten früher im Lauf des Jahres in der Landwirtschaft zu erledigen waren. Obwohl es sich um ein altes Lied handelt, ist der Text sprachlich gut verständlich. Der Textinhalt sollte auf jeden Fall gemeinsam besprochen werden, da sich in der Landwirtschaft inzwischen doch einiges verändert hat. Das Lied eignet sich für das ganze Jahr und kann z. B. auch als besinnlicher Teil im Morgenkreis zum Einsatz kommen.

So geht's:

- Legen Sie zum Einstieg die Bildkarten in die Kreismitte und lassen Sie die Kinder erzählen, was sie darauf erkennen. Hier kommen ggf. eigene Erlebnisse und Erfahrungen zum Tragen.
- Regen Sie die Kinder an, die Bildkarten in eine Reihenfolge zu bringen. Falls die Kinder es nicht von selbst herausfinden, können Sie das Stichwort „Jahreslauf“ geben. Nun versuchen die Kinder, die Bildkarten entsprechend zu ordnen.
- Singen Sie die erste Strophe des Liedes vor. Sprechen Sie anschließend die Zeilen nochmals langsam. Vergleichen Sie den Text mit der Bildkarte – was ist darauf abgebildet?
- Reflektieren Sie gemeinsam, ob die Strophe zutrifft und nachvollziehbar ist.
- Verfahren Sie mit der zweiten, dritten und vierten Strophe ebenso.
- Zum Abschluss wird die fünfte Strophe gesungen.
- Zeigen Sie den Kindern nun die Bildkarten und singen Sie das gesamte Lied nochmals gemeinsam.

Tipps:

- Die Bildkarten erinnern die Kinder an den Textinhalt und die Reihenfolge der Strophen. Zeigen Sie sie beim Singen der entsprechenden Strophe.
- Je nach Träger und konfessioneller Ausrichtung Ihrer Einrichtung können Sie die fünfte Strophe auch weglassen.
- Damit die Kinder einen praktischen Bezug zum Lied herstellen können, ist es sinnvoll, wenn sie eigene Erfahrungen einbringen können. Vielleicht können sie bei einem Besuch auf einem Bauernhof oder in einem Bauernhofmuseum einen alten Pflug und eine Sense betrachten und deren Verwendung kennenlernen.

Art der Aktivität:
Liedeinführung

Kompetenzbereiche:
Sachwissen und Wortschatz erweitern, musikalische Erfahrungen vertiefen, Besinnlichkeit erleben

Material:
Lied S. 38, Bildkarten S. 39

Ich bin das ganze Jahr vergnügt

Text: Christian Friedrich Schubart (1739–1791)
Melodie: volkstümlich

2. Und kommt die liebe Sommerzeit,
wie hoch ist da mein Herz erfreut.
Wenn ich vor meinem Acker steh
und so viel tausend Ähren seh,
und so viel tausend Ähren seh!

3. Rückt endlich Erntezeit heran,
dann muss die blanke Sense dran.
Dann zieh ich in das Feld hinaus
und schneid und fahr die Frucht nach Haus,
und schneid und fahr die Frucht nach Haus!

4. Und kommt die kalte Winterzeit,
dann ist mein Häuschen überschneit;
das ganze Feld ist kreideweiß
und auf dem Wasser nichts als Eis,
und auf dem Wasser nichts als Eis!

5. So geht's jahraus, jahrein mit mir.
Ich danke meinem Gott dafür.
Und habe immer frohen Mut
und denke: Gott macht alles gut,
und denke: Gott macht alles gut!

Gestaltungsvorlage: Ich bin das ganze Jahr vergnügt

FRÜHLING

SOMMER

HERBST

WINTER

Art der Aktivität:
Spiel

Kompetenzbereiche:
Gemeinschaft erleben, Kommunikationsfähigkeit, Aufmerksamkeit und Reaktionsvermögen weiterentwickeln, Obstsorten kennenlernen

Material:
–

Material pro Kind:
Stuhl, Sitzkissen oder Teppichfliese

Obstkorb

Dieses zur Jahreszeit Herbst passende Spiel ist in vielen Kindergärten beliebt. Mithilfe vorgegebener Sätze sprechen die Kinder vor der ganzen Gruppe. Darüber hinaus schulen sie ihre Aufmerksamkeit und das Reaktionsvermögen.

So geht's:

- Alle Kinder sitzen im Kreis, wobei jedes Kind einen erkennbar festen Platz hat, z. B. einen Stuhl, ein Kissen oder eine Teppichfliese.
- Ein Kind stellt sich in die Kreismitte. Seine Sitzgelegenheit wird aus dem Kreis entfernt.
- Erzählen Sie den Kindern, dass der Sitzkreis ein großer Obstkorb ist und sie das Obst darin sind. Teilen Sie die Kinder in Obstsorten ein, die man im Herbst ernten kann. So sind die ersten fünf Kinder z. B. Äpfel, die nächsten fünf sind Birnen, Zwetschgen oder Quitten. Je nach Anzahl der Kinder können es drei bis fünf Obstsorten sein.
- Lassen Sie die Kinder reihum nochmals wiederholen, welchen Obstnamen sie haben. Zeigen Sie dafür kreuz und quer im Kreis jeweils auf ein Kind. Das ist für die Kinder bereits nicht ganz einfach.
- Nun ist das Kind in der Mitte an der Reihe und gibt ein Kommando, z. B.: „Alle Birnen tauschen die Plätze!"
- Die Kinder, die zuvor als Birnen eingeteilt wurden, tauschen möglichst schnell untereinander ihre Plätze. Das Kind aus der Mitte versucht dabei, einen der Plätze zu bekommen, bevor die „Birnen" wieder sitzen. Hat es einen Platz erwischt, bleibt ein anderes Kind übrig, das nun in der Mitte steht und das nächste Kommando gibt. Falls nicht, gibt es selbst die nächste Anweisung.
- Ein weiteres Kommando ist: „Der Obstkorb fällt um!" Dann müssen alle Kinder ihre Plätze tauschen. Dabei erhöht sich die Chance für das Kind in der Mitte, einen Platz zu erwischen. Zugleich vermischen sich dabei die Kinder, sodass nicht mehr die gleichen Obstsorten nebenander zu sitzen kommen.

Varianten:

- Mischen Sie die Obstnamen zu Beginn des Spiels bereits durch, sodass nicht immer alle Kinder der gleichen Obstsorte nebeneinandersitzen.
- Spielen Sie das Spiel mit Gemüsesorten statt mit Obstsorten.

Zuhören!

Zu Beginn eines neuen Kindergartenjahres sollten die für alle gültigen Regeln im Kreis besprochen werden. Dazu gehören auch Gesprächsregeln. Ein respektvoller Umgang miteinander fördert die Entwicklung des Einzelnen und stärkt die Gemeinschaft.

So geht's:

- Besprechen Sie in einem der ersten Morgenkreise mit den Kindern die allgemeinen Umgangsformen im Kreis, z. B. das Signal für den Morgenkreisbeginn oder wie sich die Kinder setzen können.
- Versuchen Sie, die Regeln mit den Kindern gemeinsam zu formulieren. Sie können sie so am besten nachvollziehen.
- Damit die Kinder auch konzentriert bei der Sache bleiben, sollten Sie pro Tag nur eine Regel besprechen. Am nächsten Tag wiederholen Sie kurz die Regel des Vortags und ergänzen eine weitere Regel. Sind alle Regeln besprochen, zählen Sie oder ein Kind sie nacheinander auf.
- Sprechen Sie die Gesprächsregeln an. Sagen Sie einen der folgenden oder einen selbst erdachten Spruch auf:

Mal sprech ich und mal sprichst du.
Wenn du redest, hör ich zu.

Jetzt sprech ich und dann sprichst du.
Wenn du sprichst, dann hör ich zu.

Ich bin ich und du bist du.
Wenn du redest, hör ich zu.

- Besprechen Sie mit den Kindern, warum Regeln für das Gespräch so wichtig sind.
- Überlegen Sie mit den Kindern, ob ihnen zu weiteren Regeln ebenfalls Sprüche einfallen. Solche leicht merkbaren Verse helfen, die Regeln einzuhalten.

Tipp:

Passen Sie den Vers Ihrem persönlichen Sprachstil, Ihrem Dialekt und der jeweiligen Situation an.

Art der Aktivität:
Spruch

Kompetenzbereiche:
Gemeinschaft erleben, Kommunikationsfähigkeit und Aufmerksamkeit weiterentwickeln, Gesprächsregeln kennenlernen

Material:
–

Art der Aktivität:
Sprachspiel

Kompetenzbereiche:
Wortschatz erweitern, Sprechfreude entwickeln, Fantasie entfalten, Regeln einhalten

Material:
–

Geschichte mit Anfang

Nutzen Sie die Zeit im Morgenkreis für ein kreatives Sprachspiel. Beim Erfinden von Geschichten dürfen die Kinder ihrer Fantasie freien Lauf lassen. Ein paar Worte, die die Interessen der Kinder treffen und ihre Lebenssituation ansprechen, genügen oft schon, dass den Kinder Szenen oder ganze Geschichten einfallen, die sie anschließend in Worte fassen können.

So geht's:

- Die Kinder sitzen bequem auf dem Boden im Kreis und entspannen sich.
- Lesen Sie einen Geschichtenanfang vor oder erzählen Sie ihn frei. Wählen Sie dafür aktuelle Themen oder die jeweilige Jahreszeit. Das erleichtert es den Kindern, sich in die Geschichte hineinzudenken.
- Wer eine zum Anfang passende Idee hat, wie man die Geschichte fortsetzen kann, meldet sich stumm, ohne hineinzurufen. Nicken Sie einem Kind zu, das nun weitererzählt.
- Werten Sie das Gesagte nicht! Das geschieht, indem Sie z. B. „Danke!" statt „Gut!" sagen. Eine persönliche Äußerung wie z. B. „Diese Idee finde ich lustig." ist aber natürlich erlaubt.
- Nun können die Kinder auf die gleiche Weise weitere Ideen einbringen. Vermitteln Sie, dass es keine guten oder schlechten Einfälle gibt! Alles, was den Kindern einfällt, ist in Ordnung!

Mögliche Geschichtenanfänge:

Es ist kalt draußen. Der Nebel ist so dicht, dass man kaum etwas erkennen kann. Der Wind bläst die Blätter durch die Straßen. Da …

Das Kürbisgesicht ist fast fertig. Jetzt nur noch die Kerze anzünden und den Deckel drauflegen. In dem Moment, als er das Streichholz entfacht, hört er ein lautes …

Milli bastelt nicht gerne. Aber heute soll endlich ihr Drachen fertig werden. Also knotet sie die Schleifen an den langen, grünen Schwanz ihres Drachens. Sie malt noch zwei Augen, eine lange Nase und einen großen Bogen als Mund, dessen Enden weit nach unten zeigen. So schaut der Drachen richtig traurig aus. Milli legt den Stift weg. Aber als sie ihren Drachen nehmen will …

Tipps:

- Fällt Ihnen kein Anfang für eine Geschichte ein, suchen Sie sich einfach einen Satz aus einem Kinderbuch. Auch ein Satz mitten aus dem Text kann der Einstieg in eine Geschichte sein.
- Sie können einen Geschichtenanfang nach einiger Zeit nochmals verwenden. Vielleicht entwickelt sich die Geschichte dieses Mal in eine ganz andere Richtung.

Herbstbild

Stimmungen mit Worten zu beschreiben ist schwierig. Eine Jahreszeit stimmungsvoll auszudrücken, scheint für Kinder unmöglich – fehlen doch schon uns Erwachsenen die geeigneten Worte. Bei der Auseinandersetzung mit einem Gedicht lernen die Kinder Formulierungen kennen und spüren dem Herbst nach.

So geht's:

- Die Kinder sitzen bequem im Kreis. Bitten Sie sie um Aufmerksamkeit. Am besten schließen sie ihre Augen.
- Tragen Sie das Gedicht langsam vor:

Dies ist ein Herbsttag, wie ich keinen sah!
Die Luft ist still, als atmete man kaum,
und dennoch fallen raschelnd, fern und nah,
die schönsten Früchte ab von jedem Baum.
(…)

Christian Friedrich Hebbel (1813–1863)

- Die Kinder lassen das Gedicht kurz auf sich wirken und berichten dann von ihren ersten Eindrücken.
- Lesen Sie das Gedicht noch einmal zeilenweise vor. Klären Sie mit den Kindern unbekannte Begriffe und sprechen Sie über den Inhalt.
- Mit folgenden Fragen können Sie die Erschließung des Gedichts unterstützen:
  - Welche Jahreszeit wird hier beschrieben? Wie wird sie beschrieben?
  - Was fällt euch noch zum Herbst ein?
  - Wie fühlt sich der Herbst an? Wie sieht er aus? Wie riecht er?
  - Was kann man im Herbst machen?
- Sammeln Sie die Ideen der Kinder und notieren Sie sie. Vielleicht entsteht ja eine weitere Gedichtstrophe daraus.

Tipp:

Regen Sie die Kinder an, passend zum Herbst und zum Gedicht Bilder zu zeichnen oder zu malen.

Art der Aktivität:
Gedicht

Kompetenzbereiche:
Wortschatz erweitern, Sprachverständnis weiterentwickeln, Sprachklang und -rhythmus erleben

Material:
Papier, Stift

Art der Aktivität:
Fingerspiel

Kompetenzbereiche:
Sprechfreude entwickeln, Feinmotorik und Koordination weiterentwickeln, Wortschatz erweitern, Ordnungszahlen kennenlernen

Material:
–

Der schwere Apfel

Mit Fingerspielen trainieren Kinder spielerisch ihre Koordinationsfähigkeit. Die Verbindung von Sprache und Bewegung unterstützt sie in ihrem Wortverständnis. Die Reimform erfordert darüber hinaus eine klare Artikulation.

So geht's:

- Tragen Sie den Text langsam vor und begleiten Sie ihn mit den entsprechenden Bewegungen.
- Klären Sie im Gespräch den Inhalt, indem Sie den Text noch einmal langsam Zeile für Zeile durchgehen.
- Dann sagen Sie das Fingerspiel nochmals auf. Ermuntern Sie die Kinder mitzusprechen und mitzumachen.

Fünf Finger stehen hier und fragen:	*alle Finger einer Hand ausstrecken*
„Wer kann diesen Apfel tragen?“	*mit den Fingern wackeln und dann auf den „Apfel“, die zur Faust geballte andere Hand, zeigen*
Der erste Finger kann es nicht.	*mit dem Daumen wackeln*
Der zweite sagt: „Zu viel Gewicht!“	*mit dem Zeigefinger wackeln*
Der dritte kann ihn auch nicht heben,	*mit dem Mittelfinger wackeln*
der vierte schafft das nie im Leben.	*mit dem Ringfinger wackeln*
Der fünfte aber spricht:	*den kleinen Finger ausstrecken*
„Ganz allein, so geht das nicht!“	*mit dem kleinen Finger wackeln*
Gemeinsam heben kurz darauf fünf Finger diesen Apfel auf.	*mit der einen Hand die andere umschließen und den „Apfel“ hochheben*

Variante:

Sie können für das Fingerspiel natürlich auch echte Äpfel verwenden.

Die Igelfamilie

Im Herbst kann man in Gärten oder Parks des Öfteren Igel beobachten. Ein idealer Anlass, sich mit den Kindern über die Lebensweise des Igels zu informieren. Ergänzend dazu eignet sich dieses Fingerspiel.

So geht's:

- Im Anschluss an das Thema „Igel" wiederholen Sie gemeinsam mit den Kindern das erworbene Wissen. Wie lebt der Igel? Wie und wo überwintert er?
- Führen Sie nun das Fingerspiel einmal vor und begleiten Sie den Text mit den entsprechenden Bewegungen.
- Sprechen Sie den Text Zeile für Zeile und besprechen Sie mit den Kindern den Inhalt.
- Wiederholen Sie nochmals den Text abschnittsweise, lassen Sie die Kinder nachsprechen und die Bewegungen mitmachen.
- Sprechen Sie das Fingerspiel abschließend gemeinsam.

Am Morgen, wenn die Sonne lacht,	*mit beiden Händen einen großen Kreis in der Luft beschreiben*
ist der Igel aufgewacht.	*die Finger der rechten Hand strecken und recken*
Tanzt vergnügt im Morgentau	*mit den Fingerspitzen auf dem Boden oder auf dem Schoß „tanzen"*
mit Irmgard, seiner Igelfrau.	*die Finger beider Hände verschränken und hin- und herwiegen*
Und der Kleine, ach wie nett,	*mit beiden Händen eine Schale bilden und einen kleinen Finger als „Kleinen" in die Höhe strecken*
schnarcht noch laut im Igelbett.	*den kleinen Finger im Schnarchrhythmus auf- und abbewegen*

Tipp:

Regen Sie die Kinder an, eine Igelfamilie zu zeichnen oder zu kneten.

Art der Aktivität:
Fingerspiel

Kompetenzbereiche:
Sprechfreude entwickeln, Feinmotorik und Koordination weiterentwickeln, Wortschatz erweitern

Material:
–

Art der Aktivität:
Vers / Gestalten

Kompetenzbereiche:
Gemeinschaft erleben,
Sprechfreude entwickeln,
Feinmotorik weiterentwickeln

Material:
Locher, Geschenkband, Filzstifte oder Wachsmalkreiden, Klebestift

Material pro Kind:
Kopie S. 47 auf stabilem Papier (evtl. vergrößert), Tischset oder andere stabile Unterlage

Herbstdrachen

Das Drachensteigen ist ein beliebter Spaß bei Jung und Alt. Von den Kindern hergestellte Minidrachen eignen sich hervorragend als Raumdekoration. Diese Aktivität können Sie als Morgenimpuls zum Thema einsetzen.

Vorbereitung:

Schneiden Sie die Drachen und auch ausreichend Papierschleifen für jedes Kind aus. Stanzen Sie mit einem Locher ein Loch in die Unterseite des Drachens und befestigen Sie dort ein langes Stück Geschenkband.

So geht's:

- Die Kinder sitzen im Kreis am Boden.
- Legen Sie einen vorbereiteten Papierdrachen in die Kreismitte. Die Kinder können erste Ideen dazu äußern.
- Tragen Sie langsam den folgenden Vers vor:

Ich habe einen Drachen
mit einem langen Schwanz.
Doch kann er noch nicht lachen,
er ist noch gar nicht ganz.

- Die Kinder schlagen vor, was dem Drachen noch fehlt: ein lachendes Gesicht.
- Sagen Sie nun den zweiten Vers auf:

Ihm fehlen bunte Schleifen
an seinem langen Schwanz.
Jetzt kann der Drachen lachen
und macht im Wind sein' Tanz.

- Die Kinder schlagen vor, an den Schwanz des Drachens bunte Schleifen anzufügen.
- Jedes Kind erhält nun eine Unterlage und einen vorbereiteten Drachen. Die Kinder bemalen die Schleifen und befestigen sie mit Klebestift an dem Drachenschwanz.

Variante:

Statt der Papierschleifen können die Kinder auch Stoff- oder Bänderschleifen an den Drachenschwanz binden. Ein Stück rechteckigen Stoff befestigt man mit einem normalen Knoten an dem Geschenkband und schon entsteht eine schöne Schleife. Dabei trainieren die Kinder ihre feinmotorische Geschicklichkeit.

Gestaltungsvorlage: Drachen

✂

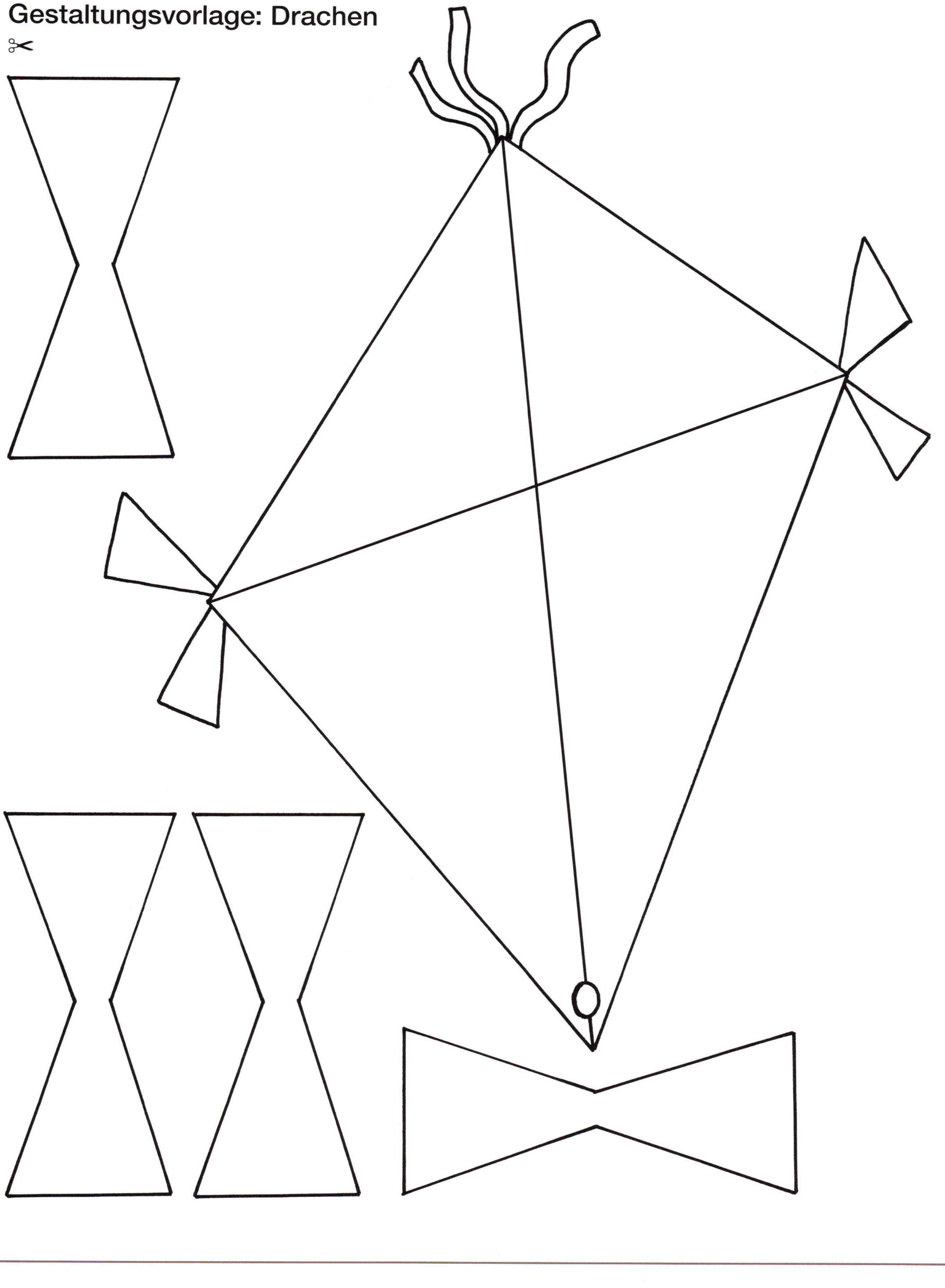

Art der Aktivität:
Wahrnehmungsspiel

Kompetenzbereiche:
Gemeinschaft erleben, soziales Miteinander und akustische Wahrnehmung weiterentwickeln

Material:
Tuch oder Augenbinde

Hänschen, piep einmal!

Gerade zu Beginn eines neuen Kindergartenjahres ist es sinnvoll, viele einfache Gruppenspiele anzubieten. So lernen sich die Kinder schnell kennen und eine vertraute Atmosphäre entsteht. Besonders interessant ist bei diesem Spiel, dass die Kinder sehr rasch die Stimmen der anderen Kinder wiedererkennen. Offenbar merken sie sich die Klangfarbe schon, bevor sie die Namen kennen.

So geht's:

- Die Kinder sitzen im Stuhlkreis.
- Ein Kind stellt sich in die Kreismitte. Verbinden Sie ihm die Augen und drehen Sie es ein paarmal, damit es die Orientierung verliert.
- Helfen Sie dem Kind mit den verbundenen Augen, sich auf den Schoß eines Kindes im Kreis zu setzen. Es sagt nun: „Hänschen, piep einmal!“
- Das Kind, auf dessen Schoß es sitzt, macht „Piep!“. Nur anhand dieses Wortes soll sein Name erraten werden.
- Nennt das „blinde“ Kind den richtigen Namen, steht dieses Kind nun in der Kreismitte und wird Sucher. Der bisherige Sucher setzt sich auf seinen Platz.

Variante:

Gerade die neuen Kinder im Kindergarten mögen es oft noch nicht, wenn ihnen die Augen verbunden werden. Für diese Kinder eignet sich die Alternative „Kätzchen, sag miau!“: Das ausgewählte Kind kniet sich dabei im Kreis vor Ihrem Stuhl hin, hält sich selbst die Augen zu und legt seinen Kopf auf Ihren Schoß bzw. Ihre Knie. So kann es nichts sehen, ist aber nahe bei Ihnen und fühlt sich daher sicher. Auf Ihr Nicken hin steht ein Kind aus dem Kreis leise auf und geht zum knienden Kind. Dieses sagt: „Kätzchen, sag miau!“ Das Kind aus dem Kreis macht „Miau“. Das kniende Kind soll nun erraten, wer hinter ihm steht. Rät es nicht richtig, kommt ein anderes „Kätzchen“. Wird auch dieses erraten, darf das Kätzchen nun Rater sein.

Gefühle zeigen

Bei Menschen kann man Gefühle mehr oder weniger deutlich am Gesichtsausdruck erkennen. Kinder lernen schon früh, die Mimik in den Gesichtern der ihnen vertrauten Menschen zu deuten, und können entsprechend darauf reagieren. Diese spielerische Übung macht Kinder darauf aufmerksam und unterstützt sie dabei, zu verstehen, dass andere Kinder ähnliche Gefühle haben können wie sie selbst.

Art der Aktivität:
Übung / Spiel

Kompetenzbereiche:
Gemeinschaft erleben, Kommunikationsfähigkeit, Gemeinschaftsgefühl und Empathie weiterentwickeln, Gefühle erkennen und benennen

Material:
Handspiegel

So geht's:

- Die Kinder sitzen im Kreis. Warten Sie ab, bis alle ruhig sind.
- Erzählen Sie, wie Sie sich heute fühlen, und zeigen Sie dies deutlich mit Ihrer Mimik, z. B.: „Mir geht es heute gut, weil ich gut geschlafen habe und mich auf den Tag freue."
- Lassen Sie ein Kind erzählen, wie es sich an diesem Tag fühlt.
- Bitten Sie die anderen Kinder genau darauf zu achten, wie das Gesicht des Kindes aussieht, während es erzählt. Geben Sie dem Kind den Handspiegel, damit es seine eigene Mimik darin betrachten kann.
- Regen Sie die Kinder an, weitere Gefühle zu nennen, z. B. Angst, Schmerz, Wut, Traurigkeit, Peinlichkeit, Neid, Glück, Freude. Vielleicht können die Kinder einzelne Gefühle mit ihrem Gesicht zum Ausdruck bringen, also mit ihrer Mimik (überdeutlich) zeigen.
- Schlagen Sie vor, aus dem Darstellen von Gefühlen ein Ratespiel zu machen: Zwei Kinder gehen in die Kreismitte. Eines der beiden stellt mit seiner Mimik ein bestimmtes Gefühl dar. Das andere Kind versucht die Mimik nachzuahmen. Die übrigen Kinder versuchen zu erkennen, welches Gefühl die beiden darstellen.

Tipps:

- Schreiben Sie die Gefühle auf, die die Kinder nennen.
- Stellen Sie eine Gefühle-Scheibe her: Teilen Sie einen großen Kreis aus Tonpapier in acht bis zehn Abschnitte und zeichnen Sie für jedes Gefühl eine kleine Skizze oder ein Symbol, z. B. eine Träne für Traurigkeit oder eine dunkle Wolke für Wut. Befestigen Sie in der Kreismitte einen Pfeil mit einer Musterbeutelklammer, sodass er sich als Zeiger drehen lässt.
- Die Gefühle-Scheibe kann im Morgenkreis als Gesprächsimpuls zum Einsatz kommen: Ein Kind stellt den Zeiger auf das Bild, das seinen Gefühlszustand am besten darstellt. Anschließend erzählt es etwas darüber, wie es sich fühlt und warum es so ist.

Art der Aktivität:
Gespräch

Kompetenzbereiche:
Gemeinschaft erleben, Kommunikationsfähigkeit, Gemeinschaftsgefühl und Empathie weiterentwickeln, Unsicherheit überwinden

Material:
–

Material pro Kind:
eigenes Kuscheltier

Kuscheltiertag

Zu Beginn eines jeden Kindergartenjahres müssen sich die Kinder neu orientieren: Sie sind neu in die Gruppe gekommen bzw. neue Kinder sind dazugekommen. Allmählich wachsen die Kinder zu einer Gruppe zusammen. Gerade neue Kinder brauchen viel Halt, um sich sicher zu fühlen. Ein Kuscheltier gehört meist ganz selbstverständlich dazu. Im Morgenkreis ist Gelegenheit, sein Kuscheltier vorzustellen – und damit auch sich selbst.

Vorbereitung:

Planen Sie je nach Größe Ihrer Gruppe mehrere Kuscheltiertage ein, sodass pro Tag maximal fünf Kinder ihr mitgebrachtes Kuscheltier vorstellen können. Legen Sie dafür ggf. einen bestimmten Wochentag fest. Informieren Sie die Eltern vorab. Statt eines Stofftiers können die Kinder auch ihr Schnuffeltuch oder die Lieblingspuppe mitbringen – es sollte sich auf jeden Fall um einen Gegenstand handeln, der den Kindern besonders am Herzen liegt, der sie oft begleitet und notfalls auch tröstet. Erinnern Sie sie ggf. am Vortag nochmals.

So geht's:

- Die Kinder nehmen ihr Kuscheltier (ausnahmsweise) in den Morgenkreis mit.
- Erklären Sie beim ersten Kuscheltiertag, dass alle Kinder ihr Stofftier im Laufe der nächsten Zeit vorstellen dürfen.
- Ein Kind darf nun sein Kuscheltier vorstellen und darüber berichten. Weiß es nicht so recht, was es sagen soll, oder traut es sich nicht, so können Sie nachfragen. Auch die anderen Kinder können Fragen stellen, z. B.: Wie heißt dein Kuscheltier? Warum ist es dein Lieblingskuscheltier? Weißt du, von wem du das Kuscheltier bekommen hast? Was kann dein Kuscheltier? Wann brauchst du dein Kuscheltier ganz dringend?
- Auf diese Weise stellen einige Kinder ihr Kuscheltier vor. Weitere Kinder sind am nächsten Kuscheltiertag an der Reihe.
- Suchen Sie in der Einrichtung einen geeigneten Platz für die Kuscheltiere und bitten Sie die Kinder, sie tagsüber dort zu lassen. Zwingen Sie die Kinder nicht, aber zeigen Sie ihnen die Vorteile auf: Die Kinder haben die Hände frei zum Spielen. Das Kuscheltier kann sich „ausruhen". Mit dem Wissen, dass ihr Kuscheltier in der Nähe und erreichbar ist, lernen die Kinder, sich allmählich davon zu trennen.

Tipps:

- Fotografieren Sie jedes Kind mit seinem Kuscheltier und hängen Sie die Bilder in der Einrichtung auf.
- Kinder, die in der Einrichtung Mittagsschlaf halten, haben ihr Kuscheltier meist ohnehin im Kindergarten dabei. Im Laufe der Zeit sollten sich die Kinder daran gewöhnen, dass die Kuscheltiere tagsüber in der Garderobe bzw. an einem festgelegten Platz im Gruppenraum bleiben.

Handmassage

Insbesondere für die neuen Kinder ist ein Tag im Kindergarten zunächst sehr anstrengend: In einer Gruppe mit vielen Kindern sind sie ungewohnten Reizen wie Geräuschen und Bewegungen ausgesetzt. Darüber hinaus sammeln sie täglich neue Eindrücke, neues Wissen und machen emotionale und soziale Erfahrungen. Mit dieser Handmassage im Morgenkreis starten die Kinder entspannt in den Tag.

So geht's:

- Die Kinder sitzen im Morgenkreis und jedes Kind hat eine Walnuss.
- Zuerst legen die Kinder ihre Walnuss vor sich auf den Boden. Geben Sie nun die folgenden Anweisungen, wobei Sie den Kindern zu Beginn jeweils die entsprechende Hand zeigen. Lassen Sie den Kindern ausreichend Zeit, die Übung in Ruhe mehrmals durchzuführen:
  - „Lege deine rechte Hand auf die Nuss. Rolle deine Hand auf der Nuss langsam vor und wieder zurück."
  - „Rolle deine Hand auf der Nuss nach rechts und dann nach links."
  - „Bewege deine Hand auf der Nuss im Kreis."
- Dann legen die Kinder ihre linke Hand auf die Nuss. Sie wiederholen die Anweisungen und die Kinder führen die Übungen durch.
- Jetzt nehmen die Kinder ihre Nuss in die Hand und legen sie flach auf eine Handfläche. Die andere Hand legen sie auf die Nuss. Die Kinder machen mit beiden Händen reibende Bewegungen nach vorne und zurück bzw. nach beiden Seiten.
- Nun können die Kinder ihre Nuss noch über ihre beiden Unterarme rollen.
- Abschließend „klatschen" die Kinder mit ihren Nachbarn ab, d. h. sie stoßen mit ihrer Walnuss an die der beiden Nachbarkinder. Wenn die Nussschalen aufeinandertreffen, entsteht ein klackerndes Geräusch.

Tipp:

Bieten Sie während der Massage ruhige Musik von CD an.

Variante:

Wenn die Kinder möchten, können sie sich gegenseitig massieren.

Art der Aktivität:
Wahrnehmungsspiel

Kompetenzbereiche:
Entspannung erleben, Aufmerksamkeit und taktile Wahrnehmung weiterentwickeln

Material:
–

Material pro Kind:
Walnuss

Art der Aktivität:
Ritual

Kompetenzbereiche:
Konzentrationsfähigkeit, Aufmerksamkeit und akustische Wahrnehmung weiterentwickeln, Geduld entwickeln, Gemeinschaft erleben

Material:
Klangschale

Klänge genießen

Sind die Kinder auch nach der Begrüßung im Morgenkreis noch sehr unruhig, empfiehlt es sich, ein Ritual durchzuführen, das die Kinder entspannt und ihre Aufmerksamkeit fordert. So kommen sie zur Ruhe und konzentrieren sich wieder auf die Aktivitäten im Kreis.

So geht's:

- Wenn die Kinder im Kreis sitzen und sehr unruhig sind, holen Sie eine Klangschale hervor.
- Bitten Sie die Kinder, genau hinzuhören.
- Schlagen Sie die Schale mit dem Klöppel einmal etwas fester an und halten Sie sie hoch, damit alle gut horchen können. Bewegen Sie die Schale etwas nach links, dann nach rechts und auch auf und ab. Alle Kinder werden nach ein paar Sekunden aufmerksam hinhören.
- Schlagen Sie vor, den Klang weiterzugeben. Schlagen Sie dazu die Schale einmal fest an und geben Sie sie vorsichtig dem neben Ihnen sitzenden Kind.
- Das Kind reicht die Schale wiederum an seinen Nachbarn weiter.
- Wie weit kann man die Schale reichen, bis sie aufhört zu klingen?
- Enden die Schwingungen, darf das letzte Kind die Schale erneut mit dem Klöppel anschlagen und weitergeben.
- Spielen Sie so lange, bis jedes Kind die Schale in der Hand hatte.

Tipps:

- Zeigen Sie den Kindern vorab, wie sie die Klangschale halten müssen: möglichst nur auf der Unterseite. Die Schale darf nicht mit beiden Händen umfasst werden, weil die Schwingungen und der Klang dann sofort beendet sind.
- Stellen Sie die Klangschale auf ein Kissen. Dann ist es einfacher, sie weiterzureichen.

Variante:

Statt einer Klangschale können Sie eine Triangel oder ein dünnes Glas verwenden. Probieren Sie einfach aus, ob es in Ihrer Einrichtung einen ausdauernd klingenden Gegenstand gibt.

Was fehlt?

Wenn sich die Kinder bereits mit dem Thema „Herbst“ auseinandergesetzt haben, eignet sich dieses Kimspiel zum Einüben der neuen Begriffe und zum Vertiefen der Eindrücke. Die Kinder betrachten die Gegenstände genau und schulen ihre Beobachtungsgabe und ihre Merkfähigkeit. Sie sind oft sehr geschickt darin, Bilder im Gehirn abzuspeichern und kurzfristig wieder abzurufen.

So geht's:

- Die Kinder sitzen im Kreis.
- Legen Sie der Reihe nach zur Jahreszeit passende Dinge in die Kreismitte. Die Kinder benennen jeweils den Gegenstand und unterhalten sich darüber, wieso er etwas mit dem Herbst zu tun hat. Verfahren Sie auf diese Weise nach und nach mit allen Dingen.
- Bitten Sie nun die Kinder, sich die Gegenstände genau anzusehen und zu merken.
- Decken Sie nach etwa 30 Sekunden ein Tuch darüber.
- Die Kinder schließen nun ihre Augen oder drehen sich kurz um. Währenddessen entfernen Sie einen unter dem Tuch liegenden Gegenstand.
- Decken Sie das Tuch wieder auf.
- Alle Kinder dürfen hinsehen und herausfinden, welcher Gegenstand weggenommen wurde.

Tipps:

- Wenn Sie den Gegenstand, den Sie entfernen, dicht am Tuch z. B. in einen Stoffbeutel stecken, kann auch ein Kind, das seine Augen nicht komplett geschlossen hat, nichts entdecken.
- Legen Sie bereits vor dem Entfernen des Tuchs fest, ob alle Kinder die Lösung durcheinander rufen dürfen oder ob erst nach einer gewissen Zeit ein Kind antworten soll.
- Kinder, die herausgefunden haben, welcher Gegenstand fehlt, signalisieren das stumm mit einem Handzeichen. So haben alle Kinder die Möglichkeit, selbstständig zu raten.

Varianten:

- Das Spiel wird schwieriger, wenn gleichzeitig mehrere Dinge entfernt werden.
- Nach einiger Zeit kann auch ein Kind die Rolle des Spielleiters übernehmen. So sind die Kinder aktiver in das Spiel einbezogen und Sie selbst können auch mitraten.

Art der Aktivität:
Kimspiel

Kompetenzbereiche:
Sachwissen erweitern, Aufmerksamkeit, Merkfähigkeit und visuelle Wahrnehmung weiterentwickeln, Sprechfreude entwickeln

Material:
zum Herbst passende Gegenstände (z. B. buntes Laub, Kastanie, Apfel, Igelfigur, Faltdrachen, Regenschirm, Gummistiefel, Laterne), Tuch

Art der Aktivität:
Spiel

Kompetenzbereiche:
Wortschatz erweitern, Aufmerksamkeit und akustische Wahrnehmung weiterentwickeln

Material:
–

Ich höre was, was du nicht hörst

Das beliebte Spiel „Ich sehe was, was du nicht siehst" kennen sicherlich die meisten Kinder. Als Abwandlung kann man es mit geschlossenen Augen spielen und den Schwerpunkt auf das Hören legen. Durch häufige Wiederholung dieses Spiels trainieren die Kinder ihr Gehör und schulen ihre akustische Aufmerksamkeit. Damit wird das bewusste Hören immer spannender und das Spiel macht richtig Spaß. Im Laufe der Zeit lernen die Kinder auch immer mehr Begriffe, mit denen sie das Gehörte beschreiben können.

So geht's:

- Die Kinder sitzen auf dem Boden im Kreis.
- Bitten Sie die Kinder, ihre Augen zu schließen und aufmerksam zu hören.
- Warten Sie einen Moment ab. Die Kinder öffnen wieder ihre Augen.
- Lassen Sie die Kinder berichten, was sie wahrgenommen haben.
- Schlagen Sie vor, ein Spiel zu spielen. Alle schließen wieder ihre Augen.
- Sagen Sie nun z. B.: „Ich höre was, was ihr nicht hört, und das ist laut (leise, dumpf, hoch, schrill, fiepsig)."
- Die Kinder versuchen zu hören, was Sie meinen. Wer mag, kann etwas dazu sagen, z. B.: „Es klingt wie ein Rauschen (Kratzen, Klappern, Gluckern)." Wer das Geräusch zuordnen kann, verrät es, z. B.: „Es ist die Heizung."

Tipps:

- Selbstverständlich bleibt es den Kindern freigestellt, ob sie ihre Augen schließen möchten oder nicht. Allerdings können sie sich mit geschlossenen Augen besser auf die Geräusche konzentrieren, da sie weniger abgelenkt sind.
- Wenn Sie vor dem Spiel das Fenster öffnen, sind sicherlich noch mehr Geräusche wahrnehmbar. Achten Sie allerdings darauf, dass nicht nur störender Verkehrslärm oder Lärm von einer Baustelle zu hören sind.
- Wenn Sie das Spiel nur mit Vorschulkindern spielen, können Sie immer schwieriger zu erratende Geräusche hinzunehmen, die Sie eventuell auch gezielt erzeugen. Vielleicht gibt es sogar die Möglichkeit, beim Besuch in der Schule eine kurze Einheit zum Hören durchzuführen. So nehmen die Kinder die Geräusche der Schulumgebung noch intensiver wahr.

Wenn ich träume

Im Kindergartenalter erinnern sich manche Kinder schon an ihre Träume. Manche haben sogar oft anstrengende Albträume, die sie nur allmählich verarbeiten. Im Morgenkreis erzählen sie davon.

So geht's:

- Singen Sie den Kindern zum Einstieg das Lied „Wenn ich träume“ (S. 56) vor. Sprechen Sie gemeinsam über den Text, der viel Unsinn und unwahrscheinliche Dinge enthält.
- Sicher haben die Kinder auch schon öfter geträumt. Vielleicht erinnern sich die Kinder an einen Traum und möchten ihn erzählen? Sprechen Sie auch darüber, dass es ganz normal ist, seine Träume wieder zu vergessen.
- Fragen Sie die Kinder genauer nach der Art ihrer Träume, z. B. ob sie die Träume bunt oder in schwarz-weiß sehen, ob sie Stimmen und Geräusche hören, ob sie vielleicht sogar etwas riechen können.
- Haben manche Kinder auch schon mal am Tag geträumt? Manchmal, besonders wenn man müde ist, versinkt man ganz in seinen Gedanken und nimmt die Umgebung nicht mehr richtig wahr, obwohl man nicht schläft.
- Es gibt auch Wunschträume, also einen intensiven Wunsch, den man gerne erfüllt haben möchte. Vielleicht haben die Kinder so einen Wunschtraum?
- Üben Sie das Lied (S. 56) gemeinsam mit den Kindern ein und singen Sie es mehrmals durch.

Tipp:

Schließen Sie eine Fantasiereise an, bei der sich die Kinder aus der Wirklichkeit „wegträumen“ dürfen.

Art der Aktivität:
Lied / Gespräch

Kompetenzbereiche:
Wahrnehmung und Kommunikationsfähigkeit weiterentwickeln, Wünsche und Gefühle erkennen und benennen

Material:
Lied S. 56

Wenn ich träume

Text: Yvonne Wagner
Melodie: Kati Breuer

2. Ich lauf mit Bäumen um die Wette,
   setz mich zur Pause in den See,
   wo ich eine Schlange rette
   und sie beißt mich in den Zeh.

3. Manchmal kann ich sogar fliegen,
   steig zum Himmel hoch hinauf.
   Da oben kann mich keiner kriegen,
   nur die Vögel kommen rauf.

Alle guten Gaben

Das folgende Lied eignet sich für eine religiöse Einheit zum Thema „Erntedank“. Dieses Fest stammt aus der Zeit, als die Ernte der Gärten und Felder für das Überleben wichtig war. Kindern ist die Herkunft der Nahrungsmittel heute kaum noch bewusst, da wir sie jederzeit im Supermarkt kaufen können.

Text und Melodie: mündlich überliefert

Tipp:

Bereiten Sie einen großen Erntekorb vor und lassen Sie die Kinder einzeln ein Stück Obst, Gemüse oder Getreide herausnehmen, zeigen und benennen. Sie können dazu sprechen: „Herr, wir danken dir für die Kartoffeln … für das Brot …“ Anschließend singen sie jeweils das Lied.

Art der Aktivität:
Gespräch / Gebet

Kompetenzbereiche:
soziales Miteinander und Kommunikationsfähigkeit weiterentwickeln, Werte entwickeln

Material:
Kerze, Feuerzeug

Frieden

Der späte Herbst bringt die ersten dunklen und trüben Tage des Jahres. Die herbstliche Stimmung lädt dazu ein, sich zu besinnen. Ausgehend von einer Streitsituation in der Gruppe können Sie das Thema „Frieden" ansprechen. Ein Gebet im Anschluss an das Gespräch fordert auf, sich friedlich zu verhalten.

So geht's:

- Verdunkeln Sie den Raum und stellen Sie eine Kerze in die Kreismitte. Zünden Sie sie an und warten Sie, bis alle Kinder zur Ruhe gekommen sind.
- Sprechen Sie mit den Kindern über den vorangegangenen Streit. Wie fühlen sich die Kinder, wenn sie streiten? Wann geht es ihnen gut?
- Fragen Sie die Kinder, was sie sich unter Frieden vorstellen. Finden Sie heraus, welche Vorstellungen die Kinder von Frieden haben.
- Sprechen Sie mit den Kindern darüber, was das Gegenteil von Frieden ist. Eine Antwort ist sicher Krieg. Im alltäglichen Miteinander jedoch ist „kein Frieden" eher Streit oder eine schlechte Stimmung.
- Lassen Sie die Kinder Gedanken sammeln, indem Sie folgende Satzanfänge anbieten: „Es ist friedlich, wenn …", „Es geht mir gut, wenn …"
- Halten Sie im Gespräch mit den Kindern fest, dass es jedem besser geht, wenn man friedlich miteinander umgeht und versucht, Lösungen ohne Streit zu finden.
- Formulieren Sie gemeinsam ein Gebet oder sprechen Sie folgende Zeilen:

Wir wünschen uns Frieden in der Welt.
Wir wollen friedlich sein, damit's uns gefällt.
Wir wollen uns nicht schlagen,
sondern reden und uns vertragen.
Hilf du, dass alle friedlich sind in der Welt.

Lob- und Ärgerrunde

Zu einem offenen und wertschätzenden Miteinander gehört auch, seine Empfindungen über das Verhalten anderer zu äußern. So ist es für die Angesprochenen möglich, ihre Außenwirkung zu überprüfen und Rücksichtnahme zu lernen. Dass dabei stets ein positiver Umgangston im Vordergrund steht, ist selbstverständlich. Außerdem geht es nicht darum, jemanden als Person zu kritisieren, sondern sein Verhalten anderen gegenüber, und zu erklären, wie man sich dabei fühlt.

So geht's:

- Am besten teilen Sie die Kritikrunde in eine für Lob und eine für Ärger. Dabei kann, je nach Zeitbedarf, beides hintereinander oder an zwei aufeinanderfolgenden Tagen stattfinden.
- Beginnen Sie mit der Ärgerrunde. Hier hat jeder die Möglichkeit zu sagen, welches Verhalten eines einzelnen Kindes oder der Gruppe ihn stört.
- Bitten Sie die Kinder, genau zu überlegen und nachzuspüren, wie sich der Ärger anfühlt, und es dann aus ihrer Sicht als Ich-Botschaft zu sagen.
- Beginnen Sie selbst, z. B.: „Ich mag es nicht, wenn es beim Frühstück so laut ist. Das macht mich unruhig. Dann schmeckt mir mein Essen nicht mehr und ich finde es ungemütlich."
- Die Kinder, die sich angesprochen fühlen, sollen nicht darauf antworten. Niemand sollte sich rechtfertigen. Es geht vielmehr darum, selbst sein Befinden zu äußern und einen Appell an die anderen zu richten, Rücksicht zu nehmen.
- Stattdessen können Kinder Lösungen vorschlagen, z. B.: „Wenn jeder nur leise redet und nur mit den Kindern, die neben ihm sitzen, dann ist es viel ruhiger."
- Achten Sie darauf, dass nicht zu viele Themen angesprochen werden.
- Die Lobrunde dient schließlich dazu, dass die Kinder äußern können, was ihnen am Verhalten einzelner Kinder oder der Gruppe insgesamt gefällt. Sie können ihre Wertschätzung, Freude und Anerkennung äußern.

Tipp:

Kommen größere Probleme zur Sprache oder einzelne Kinder geraten ständig in den Fokus der Gruppe, sollten Sie dies später nochmals aufgreifen und vor allem den einzelnen Kindern helfen, die Kritik zu verarbeiten.

Art der Aktivität:
Gespräch

Kompetenzbereiche:
soziales Miteinander, Kritikfähigkeit und Kommunikationsfähigkeit weiterentwickeln, Wertschätzung zum Ausdruck bringen und erfahren

Material:
–

Art der Aktivität:
Rätsel/Gespräch

Kompetenzbereiche:
Sachwissen erweitern, Sprachverständnis und Konzentrationsfähigkeit weiterentwickeln

Material:
–

Die Legende von Sankt Martin

Am Martinstag mit der Laterne zu gehen, macht viel Freude. Die Kinder sollten aber auch wissen, wer der heilige Martin war. Das Besondere an der Martinsgeschichte ist, dass sich über sie Werte des sozialen Miteinanders (z. B. Hilfsbereitschaft, Höflichkeit, Achtsamkeit, Großzügigkeit) anschaulich vermitteln lassen. Es ist erstaunlich, wie ernst die Kinder die Inhalte der Geschichte nehmen und wie sie ihr Verhalten häufig auch entsprechend verändern, weil sie das Vorbild Sankt Martins so beeindruckt.

So geht's:

- Greifen Sie im Gespräch die einzelnen, fett gedruckten Begriffe des Rätsels auf und klären Sie gemeinsam, wofür sie stehen. Geben Sie den Kindern Zeit, von ihren Assoziationen zu den Begriffen zu berichten.

Er **teilte** den Umhang mit seinem Schwert.
Ob **reich**, ob **arm**, ein jeder ist's **wert**.

(Sankt Martin)

- Die Kinder überlegen, wer gemeint sein könnte. Falls die Kinder auch nach einiger Zeit nicht selbst auf Sankt Martin kommen, nennen Sie den Namen.
- Nun erzählen die Kinder, was sie über Sankt Martin bereits wissen. Erzählen Sie im Anschluss die folgende Legende:

Als junger Soldat traf Martin einen armen Bettler. Martin war in einen großen Mantel gehüllt und hatte Mitleid mit dem Frierenden. Er teilte kurzerhand seinen Mantel in der Mitte und gab dem Bettler eine Hälfte. Nun trug auch er nur noch eine Mantelhälfte und wurde deshalb verspottet. Viele Menschen aber erkannten, dass Martin Gutes getan hatte, und sie schämten sich, dass sie dem Bettler nicht geholfen hatten.
In der folgenden Nacht erschien Martin im Traum Jesus, der in die Mantelhälfte gehüllt war, die er verschenkt hatte. Daraufhin ließ Martin sich taufen und wurde Christ.

Tipp:

Die Kinder haben meist große Freude daran, die Martinsgeschichte zu spielen. Geben Sie ihnen Gelegenheit dazu, indem Sie verschiedene Verkleidungsutensilien anbieten und die Rollen verteilen. Nach einiger Zeit werden die Rollen getauscht.

Laternenkreis

Die Kinder haben sich bereits mit der Legende von Sankt Martin auseinandergesetzt und für den Martinsumzug oder die Martinsfeier Laternen gestaltet. Nun ist es Zeit, sich ein wenig zu besinnen.

So geht's:

- Verdunkeln Sie den Raum, damit das Laternenlicht gut zur Geltung kommt. Dann stellt sich jedes Kind mit seiner Laterne in den Kreis.
- Gehen Sie herum und zünden Sie die Kerzen der Laternen an.
- Warten Sie, bis die Kinder die verschiedenen Laternen ausreichend bewundert haben und alle zur Ruhe gekommen sind.
- Erinnern Sie die Kinder an die Martinsgeschichte und wiederholen Sie sie nochmals gemeinsam.
- Stellen Sie weitere Fragen, um ein Gespräch über eigene Werte, Wünsche und Vorstellungen vom Zusammenleben anzuregen:
  - Warum beeindruckt es uns so, dass Sankt Martin seinen Mantel mit dem Bettler geteilt hat?
  - Kannst du dir vorstellen, wie es sich anfühlt, ganz allein zu sein und keine Freunde zu haben?
  - Wie ist es, arm zu sein? Wann ist man arm?
  - Muss man immer teilen?
  - Muss man immer helfen?
  - Was hilft dir? Wer hilft dir?
  - Was wünschst du dir von anderen?
  - Was sollen andere tun, damit du es schön findest, mit ihnen zusammen zu sein?
  - Was tust du gern für andere? Was tust du nicht so gern?
  - Was tut dir richtig gut (etwas Materielles oder eine persönliche Zuwendung)?
- Schließen Sie das Gespräch mit einem zusammenfassenden Satz ab. Sie können beispielsweise sagen: „Wir wollen uns nun öfter daran erinnern, wie gut es tut, füreinander da zu sein."
- Die Kinder löschen die Kerzen ihrer Laternen, indem sie sie vorsichtig auspusten.

Tipp:

Falls Sie aus Sicherheitsgründen die Laternen nicht mit echten Kerzen beleuchten wollen, können Sie auch batteriebetriebene Laternenstäbe besorgen und die Laternen daran befestigen. Die Kinder können das Licht dann selbst ein- und ausschalten.

Art der Aktivität:
Besinnung/Gespräch

Kompetenzbereiche:
soziales Miteinander und Kommunikationsfähigkeit weiterentwickeln, Besinnlichkeit erleben, Werte entwickeln

Material:
lange Streichhölzer oder Stabfeuerzeug

Material pro Kind:
Laterne mit Kerze

Achtung!
Vorsicht beim Umgang mit Kerzenlicht! Halten Sie einen Feuerlöscher bereit!

Art der Aktivität:
Liedeinführung

Kompetenzbereiche:
Besinnlichkeit und Gemeinschaft erleben, Freude am Singen empfinden

Material:
Lied S. 63, lange Streichhölzer oder Stabfeuerzeug

Material pro Kind:
Laterne mit Kerze

Achtung!
Vorsicht beim Umgang mit Kerzenlicht! Halten Sie einen Feuerlöscher bereit!

Kerzenlicht

Meist sind Laternenlieder sehr fröhlich und gut für Spaziergänge geeignet. Das Lied „Kleines Fräulein, kleiner Mann“ will das Martinsfest etwas ruhiger untermalen. Es bietet sich an, um sich im Morgenkreis für einen Moment zu besinnen und die neuen Laternen zu bestaunen.

So geht's:

- Verdunkeln Sie den Raum, damit das Kerzenlicht gut zur Geltung kommt.
- Alle Kinder sitzen im Kreis und stellen ihre Laternen vor sich auf den Boden. Dann nehmen sie die Kerzen aus ihren Laternen und halten sie fest.
- Bestimmen Sie ein Kind als „Fräulein“. Unterstützen Sie das Kind dabei, seine Kerze anzuzünden.
- Singen Sie die erste Strophe des Liedes vor. Das Kind mit der brennenden Kerze geht dabei langsam im Kreis an den sitzenden Kindern vorbei.
- Singen Sie die zweite und dritte Strophe. Dabei geht das Kind zu den anderen Kindern im Kreis, die ihre Kerzen an der brennenden Kerze anzünden.
- Singen Sie noch mal das ganze Lied. Vielleicht können einige Kinder bereits mitsingen?
- Warten Sie einen Moment, damit alle den Kerzenschein genießen können.
- Jetzt löschen die Kinder ihre Kerzen, indem sie sie vorsichtig auspusten.

Tipps:

- Je nach Träger und konfessioneller Ausrichtung Ihrer Einrichtung können Sie die dritte Strophe auch weglassen.
- Nachdem die Kinder ihre Kerzen ausgepustet haben, sollten Sie kurz gründlich lüften. Um Rauch zu vermeiden, ist es besser, die Kerzen mit einem Kerzenlöscher auszudrücken. Natürlich müssen Sie das machen!

Variante:

Falls die Laternenkerzen zu dünn sind, sodass die Gefahr besteht, dass außen flüssiges Wachs herunterläuft, oder falls die Kinder ihre Laternen mit batteriebetriebenen Laternenstäben beleuchten, können Sie für diese Aktivität kleine Stumpenkerzen oder Teelichter verwenden, die die Kinder dann vor sich auf einer Unterlage auf den Boden stellen.

Kleines Fräulein, kleiner Mann

Text: mündlich überliefert
Melodie: Lasst uns froh und munter sein

2. Kleines Fräulein, kleiner Mann,
steck dein helles Kerzchen an,
brennt dein Lämpchen irgendwo,
werden rings die Leute froh.

3. Kleines Fräulein, kleiner Mann,
steck dein helles Kerzchen an,
Lichter hier und Lichter da,
Gott, der ist uns immer nah.

www.hase-und-igel.de
Lektorat: Monika Burger, Elena Jell
Satz: Margit Kick
Illustrationen: Maryse Forget
Druck: Himmer AG, Augsburg

ISBN 978-3-86760-872-5